U0600779

大学体育与运动训练方法研究

王体刚　王晓勇　魏志成◎著

中国出版集团　现代出版社

图书在版编目（CIP）数据

大学体育与运动训练方法研究 / 王体刚，王晓勇，
魏志成著. -- 北京 : 现代出版社，2023.9
　　ISBN 978-7-5231-0519-1

　　Ⅰ．①大… Ⅱ．①王… ②王… ③魏… Ⅲ．①体育教
学－教学研究－高等学校②运动训练－教学研究－高等学
校 Ⅳ．①G807.4②G808.1

　　中国国家版本馆CIP数据核字(2023)第165666号

大学体育与运动训练方法研究

作　　者	王体刚　王晓勇　魏志成
责任编辑	刘　刚
出版发行	现代出版社
地　　址	北京市朝阳区安外安华里504号
邮　　编	100011
电　　话	010-64267325　64245264(传真)
网　　址	www.1980xd.com
电子邮箱	xiandai@cnpitc.com.cn
印　　刷	北京四海锦诚印刷技术有限公司
版　　次	2023年9月第1版　2023年9月第1次印刷
开　　本	185 mm×260 mm　1/16
印　　张	10.5
字　　数	247千字
书　　号	ISBN 978-7-5231-0519-1
定　　价	68.00元

前　言

　　体育与运动训练是大学教育中不可或缺的重要组成部分。作为一项综合性的学科，它不仅培养学生的身体素质和运动技能，更重要的是塑造学生的健康意识、团队合作能力和自我管理能力。在当今快节奏和高压力的社会环境中，大学体育与运动训练项目扮演着重要的角色，为学生提供了一个展示自我的舞台，同时也是培养身心健康的重要途径。

　　基于此，本书以"大学体育与运动训练方法研究"为题目，基于大学生视角，第一，以体育与大学体育的认知、大学体育的地位与特征、大学体育中的主体与主导作为切入点。第二，对大学体育教学环境及其优化、大学体育教学原则分析、大学体育教学方法与创新、大学体育教学设计及要求进行叙述。第三，具体阐释大学体育管理实践。第四，讨论包括基础认知、基本原则、科学管理在内的运动训练的原理体系。第五，对运动训练方法演进与启迪、模式训练法与程序训练法、运动训练的具体实施训练方法展开叙述。第六，阐述包括球类、田径、塑身运动训练方法的项目实践。第七，对互联网背景下运动训练的创新途径进行讨论。

　　本书从多个角度切入主题，详略得当，结构布局合理、严谨，语言准确，在有限的篇幅内，做到内容系统简明、概念清晰准确、文字通顺简练，形成一个完整的、循序渐进、便于阅读与研究的文章体系。

　　本书的撰写得到了许多专家学者的帮助和指导，在此表示诚挚的谢意。由于笔者水平有限，加之时间仓促，书中所涉及的内容难免有疏漏与不够严谨之处，希望各位读者多提宝贵意见，以待进一步修改，使之更加完善。

目　录

第一章 大学体育理论基础

第一节 体育与大学体育的认知

一、体育与体育教学

（一）体育的类别

第一，学校体育。学校体育是在各个学校开展的有目的的体育教育活动，旨在提高学生身体素质，教授体育知识、技能等，同时也可以培养学生的意志品质。学校体育是体育的一部分，也是教育的一部分。我国体育事业的发展离不开学校体育。学校体育教育的主要目的是锻炼学生的身体、增强体质，培养学生的意志品质以及终身体育的思想。学校体育由体育课、课外体育活动、体育训练和课外比赛竞技四个部分组成。

第二，竞技体育。竞技体育可以最大限度地激发人们的潜能，使人们的体格、体能、心理、运动技能等能力得到锻炼。人们为了在比赛中获得好成绩，会进行一系列科学训练和比赛，这些都属于竞技体育的一部分。竞技体育是文化领域中的特殊部分之一，在体育领域、大众文化中占有很高的地位，也是世界体育文化的主体。竞技体育将人体的能力发挥到极限，观赏性和感染力较强。同时，竞技体育也可以凝聚、团结民族力量，振奋民族精神。

第三，社会体育。社会体育主要是人民群众为了锻炼身体、进行康复训练、休闲娱乐等而进行的体育活动，形式多样，受众广泛。社会体育主要群体是人民群众，涉及社会生活的各个领域，包含的内容也十分多样，比如娱乐体育、休闲体育、养生体育、医疗体育等。当今社会，人们对自身的发展重视程度不断提高，对自身知识水平和身体素质要求也更高。身体素质主要围绕身体健康、体形、精神状态和自身气质等，人们会选择进行社会体育和学校体育活动来提高身体素质。

（二）体育的功能

体育的功能产生于体育的本质和社会的需要，并从促进社会物质文明和精神文明中表现出来。体育的功能具体包括如下六个方面。

1. 健身功能

体育是以身体的直接参与来表现的，这是体育最本质的特点，它决定了体育的健身功能。

（1）改善大脑供血和供氧，提高中枢神经系统的适应能力，能使人心情舒畅，调节社会、生活和工作的压力。

（2）促进人体的生长发育，加速新陈代谢。

（3）对人体内脏器官构造的改善有着积极的作用。

（4）刺激骺软骨的增生，促进骨骼的生长。

（5）提高肌肉的工作能力。

（6）提高人体的免疫力、抗疾病能力和心理承受能力。

（7）提高对自然环境和社会环境的适应能力，预防疾病，延缓衰老。

2. 社会化功能

人的社会化就是个体社会化，是人从生物的人变为社会的人的过程。而在这一转变过程中，体育运动扮演着重要角色。人们学会的基本生活技能都是通过体育运动获得的，刚出生婴儿的被动体操、儿童的打闹嬉戏、长大后适应社会等都需要通过体育运动获得。人们在进行体育运动时，必须遵守体育规则，通常由教师或教练告知规则并进行监督，这一过程就是让人们养成遵守社会规则的行为习惯。

体育运动具有社会性，在体育运动中，人们相互交流，彼此默契配合，可以促进人际交往，提高人们的沟通能力。为了促进人类社会健康发展，就要在社会各类人群中普及健康和体育运动相关知识，使青少年、中年人、老年人等不同年龄段的人都能通过获得的体育知识进行健康的体育活动，培养健康的生活方式。在促进个体社会化方面，体育运动已经深入社会生活的方方面面，扮演着重要的角色。

3. 娱乐功能

体育运动既可以帮助人们提高身体素质，也可以获得精神上的愉悦，陶冶情操，人们可以在运动中暂时放下繁忙的工作，让身心获得暂时的休息。实现体育娱乐功能的主要途径是参观和参与。体育运动具有极高的观赏性，尤其是高水平的竞技体育活动，能展现出力量与速度的完美结合，让观众欣赏到人体力量和运动之美。

另外，体育活动可以让参与者彼此配合，在与他人的竞技中获得不一样的身心体验，娱乐自身。

4. 政治功能

体育和政治客观上相互关联，不论是哪个国家，体育都要服从政治，政治对体育永远具有领导权。体育在政治中主要有以下两个作用。

(1) 在国际比赛和交流中具有重要作用。

(2) 在群众体育中具有重要作用。

国际比赛可以反映出一个国家的实力，从一个国家竞技体育水平的高低，可以看出一个国家政治、经济、文化等方面的发展情况。从这一意义上来看，体育竞赛就像和平时期的战争，在竞技比赛中取得胜利可以增强人们的民族自豪感，提高国家在国际上的地位。

此外，体育还可以增进不同国家之间的文化交流，服务于外交，通过国际比赛连接不同国家，促进交流合作和友好往来。

5. 教育功能

体育是教育的重要组成部分，体育的教育功能也是它最基础的功能。人们参与各类体育活动的同时也在接受教育，无论是在学校、俱乐部还是训练场以及其他各类场所的锻炼，都会有教师、教练和同伴进行指导和教授。尤其在校学生处于身体生长发育阶段，也处于世界观、价值观的形成时期，进行体育运动，不仅可以提高学生身体素质，增强体质，而且还可以让学生接受意志品质和思想道德规范等方面的教育。同时，体育具有群体性、国际性、礼仪性和竞技性等特点，可以向人们传递某种价值观。

此外，体育还可以激发群众的爱国热情，增强民族凝聚力，教育人们积极健康发展。人们在观看体育比赛和参与体育活动过程中也会受到社会的影响，接受社会教育。

6. 经济功能

经济发展为国家发展提供物质保障，体育的发展也离不开经济的支持。一个国家的体育运动发展情况通常可以反映出这个国家的经济发展水平。经济发展促进体育发展，体育运动的发展又可以推动经济进步，如今，体育作为第三产业，在经济中的地位日益提升，与商品经济联系日益紧密。发达国家体育的经济功能得到了充分的利用，而我国在这方面的发展还比较滞后。

体育运动主要从两个方面获得经济收益：①大型运动会，通过售卖门票、印发纪念币、邮票、体育彩票等获得收益。②日常体育活动，利用体育设施，组织热门体育项目比赛，开展娱乐体育活动，售卖体育服装、体育设施，同时组织旅游活动、体育咨询等来获得经济收益。

（三）体育教学过程

体育的教学过程是为实现体育教学目标而计划和实施的，是让学生掌握体育知识和体育技能，以及其他教育内容的过程，包括时间和空间两个维度。与其他学科教学不同，体育教学过程既要关注个体，又要兼顾整体；既要尊重学生的个人意识，又要关注教师的教学目标，只有做到全方面、多维度地探讨体育教学过程，体育教学过程理论才能真正指导体育教学实践。

总之，体育教学过程是一种系统运行过程，是师生共同参与，由确定目标、激发动机、理解内容、进行身体反复练习、反馈调控与评价等环节组成。

1. 体育教学过程的基本要素

（1）教师。教师是教学的组织者与管理者，决定体育教学过程的实施方法，即教什么（教材）和怎么教（传播媒介）；是教学计划的制订者，教学环境的创设者，各种教学关系的协调者，并通过了解、激励、教育、指导影响学生；是教学活动的关键因素，起主导作用。

教师作为教学系统内的重要因素，在要素结构中所占比例应大小适度。如果教师的比例过大，主体性过强，势必会限制学生独立自主学习能力的培养。教师在教学过程中具体应该占有多大的比例，应视其他构成因素情况而定。在教授新学内容时、教学内容有一定的危险时、教授低年级学生时，教师应该发挥主要作用，应该负有更大的责任。在复习课、提高课中，教师如果过多干涉学生的学习活动，则会影响学生个性的发展、创造力的提高以及独立解决问题能力的培养，甚至起相反作用。

另外，随着现代教育理念的迅速发展，教师在体育教学过程中的角色也开始出现变化，教师已经不再是传统意义上的知识拥有者、传授者，其角色已经转化为教学过程中的"指导者、协作者、帮助者、建议者"，甚至是"学习者"的角色。

（2）学生。学生是教育的对象，教材的选择、教学方法的制定均指向学生。学生又是学习的主体，如果没有学生的积极、主动、自律的学习，教学活动都无法开展，"促进学生体育学习"的体育教学目标也无法实现。学生只有积极配合教师的教学活动，充分利用各种教学条件，认真学习教材内容，才有可能达到最佳的学习效果。

（3）传播媒介。传播媒介泛指教学过程中教材内容传递至学生的各种方法、形式或工具，一般包含物质条件和方法手段两方面，具体包括讲解、示范、教具模型演示、电视技术、互联网技术、讨论、答疑、练习、游戏、比赛以及体育场地器材设施等，主要职能是传递信息。值得注意的是，教师在某种程度上也是传播媒介的一种形式，因而在教学过程的构成因素中具有双重身份。当代社会是一个开放式的、高信息量的社会，教师已不仅是传统意义上的知识拥有者、传播者，随着电视、互联网技术的普及和发展，人际交往的进一步深化，学生获得知识的途径越来越多，单纯依靠教师获得信息的时代已经一去不复返。

（4）教材。体育教材是在体育课中为实现教育目标而精选、组织的身体活动的内容体系，是学生学习过程中所要学习的对象，即学习过程中认识的客体。教材内容的选择应该内容丰富、情趣多样，教材的编排也应该新颖、具有吸引力，以改变体育教材滞后于我国社会发展的事实。

体育教材涉及内容、顺序和组合等多方面因素。教材内容涉及的是教什么的问题，教材顺序涉及先学什么后学什么的问题，教材组合则是在同一堂课中可以同时教什么的问题。由于我国疆域辽阔，地理状况、地区之间的经济水平、学校物质条件等差异较大，学生的兴趣爱好、技能水平、身体素质也存有较大的个体差异，因此教材内容、顺序、组合的选择应视地域、学生的实际情况而进行科学安排。体育教材在一定程度上决定了教师的教学思想、模式、方法，历年的课程改革总是以教材内容的改革为出发点，体育教师应该根据体育教材进行教学模式、教学方法的创新，以实现体育教育目标。

总之，坚持以教师的专业教学为指导、以学生认真学习为重点，充分利用体育教学工具和教材的方式方法，才能让体育教学效果最大化。需要注意的是，以上影响体育教学过程的四大要素互相影响、互相作用，"牵一发动全身"，而且教学目标的调整也将对体育教学过程的四大影响要素产生"反应"。

（5）评估。根据系统论"系统整体大于部分之和"的观点，仅仅使各个要素达到最佳并不一定能发挥整体的最佳功能，只有在追求各要素同步发展的同时，努力促进其协同配合，优化组合结构，在实现整体目标的前提下，充分发挥其个体功能，才能发挥整体最大功能，即"整体大于部分之和"。进一步而言，体育教学过程要达到其整体的最佳功能，并不是各个要素个体功能的简单相加，所以单纯地提高各个要素的个体功能并不一定能收到良好的教学效果，只有在充分发挥其个体功能基础上，树立整体观念，努力促进各要素协同配合，优化组合结构，才可以实现体育教学过程的高效率、高效益，保证体育教学沿着科学化的方向发展。对此，要求学校及体育教师在教学过程中严格按照相关规章制度教学，制定健全的、科学的、统一的、明确的评估体系，判断不同阶段各要素之间相互作用的发挥情况及取得的成果，以便及时调整教学计划和教学目标，进而实现体育教学过程整体效率的优化。

（6）教学环境。主观能动性是人们在实践中认识客观规律，并根据客观规律自觉改造世界，推动事物发展的能力和作用。体育教学过程中的主体始终是人，即施教者教师和受教者学生，充分发挥各自的主观能动性，教师以科学评估数据为依据，赞扬学生的成绩，鼓励成绩薄弱的学生，对教师个人素养的提升、学生掌握体育知识和技能有重要的现实意义。在这个过程中，存在一个不可忽略的环节，就是良好的教学环境对各要素作用发挥的影响。良好的教学环境不仅可以让教师的所学得以充分发挥，提升教学质量，还能调动学生的积极性，发展学生的创造力。

2. 体育教学过程要素的职能

以教师为教学信息的传递者，以学生为教学信息的接收者，以教材为教学信息的传递依据，以媒介为教学信息的传递形式，以评估为教学信息的改进依据，以环境为教学信息的影响因素，这几者之间既独立存在，又相互制约、相互影响，共同构成独特的有机整体，助力实现教学目标，其职能主要表现如下。

（1）教师是人类灵魂的工程师。现代化教育背景下，教师既要不断丰富自身专业知识，创新教育教学方法，着眼"过去、现在和将来"，以传播体育知识，实现教学目标，培养新型高素质人才，又要在评估体系的数据辅助下，关注学生的个体差异性，启发学生智慧。

（2）学生是体育知识的接收者，是吸收知识并用其指导社会实践的主体，也是教学目标的完成者，是教学效果评估体系的对象，这种多重"身份"意味着学生在受教育的过程中，既要积极接受教学信息，配合教师完成教学目标，通过教学效果评估，又要在教学过程中摆正自己的"主体"位置，做到主动学习，充分发挥自身的主观能动性，勇敢地发现问题并解决问题，培养创新思维和创新能力，实现自我教育、自我提升、自我实现。

（3）教师讲好一堂课的前提是对学科教材有一定的理解，备好课，才能教好学。教材是储存在书本上的理论知识、思维思想、方法技能，是教学内容的来源和依据，也是考试大纲的内容源泉。体育教学过程是把储存在书本上的知识，通过教师特定的教学方法，传送到学生头脑中，进而形成学生头脑中的储存知识。所以，让教材与时俱进，反映当下社会现实，又不缺乏对传统的宣传，对培养学生的综合素质影响长远。

（4）教学媒介是教学内容的载体和表现形式，是师生之间传递信息的"桥梁"，需要借助物质手段实现，如教学模型、多媒体技术、教师的授课方式及示范行为、课堂的互动实践等既能形象、具体地展现教学内容，又能让学生直观感受教学信息，便于理解和接受。

（5）教学效果评估是按照原定教学计划和教学目标，合理安排教学课程和教学实践，一定阶段对已取得的教学效果进行评价和估量，肯定其取得的显著成果，同时总结其中存在的问题，既为教师明确未来的教学方向，为学生明确个人与教学目标之间的差距，又通过集体讨论的形式，完善课堂设置、教学内容、授课方向、教育方式，以调整教育策略适应现代化教育模式新要求，使教育教学沿着更为科学、更为现代化、更为标准化的方向发展。

（6）为学生提供适应于体育教学与学习的环境背景，与学生受教育结果直接相关，因此是当下体育教学过程需要完善的内容。这种环境背景既包括自然环境，如学校所处的自然环境、教学过程的自然环境、学生的生活环境等，又包括人文环境，如课堂氛围、校园文化、个人或集体的价值观等，只有完善双重环境要素，才能让体育教学事半功倍。

3. 体育教学过程的设计原则

所谓体育教学过程的设计，是用流程图的形式计算，简洁地反映分析和设计阶段的结果，表达教学过程，直观地描述体育教学过程中教师、学生、学习内容、教学媒体等基本要素之间的关系，为体育教师提供一个有参考价值的教学设计方案。以下为体育教学过程的设计原则：

（1）发挥教师的主导作用。作为人类文明和知识的传播者，教师是影响教学成果的关键环节。现代教学环境下，教师除了要做好课前准备，把体育知识讲清楚，更要打破传统体育教学模式的桎梏，培养授课创新思维，采用不同的方式引导学生自主学习、独立思考、敢于发现问题并解决问题，由最初的"授课"模式调整为更为适应现代科学技术迅猛发展需要的"解惑"模式。

（2）学生为学习的主体。学生作为学习的主体，要更好地吸收教学成果，培养个人独立人格，必须在体育教学过程中以教师的引导作用为依托，主动学习、学会学习，把握甚至是创造更多的机会实践所学，并从与教师、同学的沟通中启发智慧，对此需要教师在体育教学过程中积极引导。

（3）媒体优化。在设想如何运用体育教学媒体时，需要考虑各种媒体的优化组合。传统教学过程中，过度依靠单一化的媒体方式会逐渐暴露出很大的局限性，如何使各种媒体的功能作用相辅相成，起到"1+1>2"的效果，以适应现代化教学进程，进而优化课堂质量，实现课堂的智能化、高效率，应当作为教学研究的重点。

（4）体现体育教学方法。体育教学方法是体育教师在教学过程中运用清晰、准确的语言，与学生交流信息，或以具体的动作示范，或将完整的知识要点或技能要点分解后进行讲解的方法，也包括学生在教师的引导下，根据教学要点反复练习、主动学习的方法，只有兼顾两者的共同作用，并借助媒介辅助作用的体育教学方法，才能推动教学目标与成果的达成。

二、大学体育的认知

"体育是学校教育的重要组成部分，而大学体育又是学校体育的最后阶段，是连接学校体育与社会体育的桥梁。"① 体育在整个教育过程中具有不可替代性，同时又具有体育的属性和功能，是促进学生全面发展的重要手段。大学体育属于教育学和体育学下的学科层次，所以体育和教育有相同的属性。一方面，学校教育的构成包括大学体育，因此二者的目标是相同的；另一方面，体育中也包含大学体育。因此，体育的属性也应被大学体育展现得淋漓尽致，通过基本的身体运动和练习，强健体魄，加强人体功能，让大学生的身心得到更好发展。总的来说，通过基本的身体运动和练习，运用科学的培育方式提高大学生身体功能，让德、智、体、美在人心理和生物潜能不断开发的过程中得到发展，实现身体和心理的健康，既是大学体育的目标，也是教学发展的总目标。

（一）大学体育的作用分析

大学体育的研究是高等教育发展的开端。培养出身心健康的人才离不开大学体育，其为社会输送了很多高级人才，促进了我国体育事业的发展，为大学生活提供了更多生活、娱乐和运动方式，更是推动了社会文明的进步。我国的社会主义建设、高等教育和体育事业的发展都离不开大学体育。

第一，大学体育是我国培养身心健康全面发展的高级专门人才的重要途径。学校为满足社会发展所需，必须以实现人才的全面发展为己任。高等院校既有培养高级专门人才的责任，也担负着发展科学技术文化的重大任务。而这一重大使命要求大学必须实现学生德、智、体、美、劳的全面发展。社会的发展与科学技术的进步都极大地提高了生产力，这时人类开始关注社会发展需求以及人的素质发展问题。只有培养出身心健康、遵守纪律、有理想、有道德、有文化的各种各样的优秀人才，才能为建设社会主义添砖加瓦，才能满足我国21世纪社会经济发展的需求，才能为实现中国特色社会主义而奋斗终生。而这项任务就落在高等教育的肩上，体育既然是高等教育不可分割的一部分，就应当与德、智、美、劳协同发展，为21世纪人才的培养起推动作用。

第二，全民健身和终身体育都要以大学体育为基础，其也是推动我国体育事业发展的动力。全民健身的前提就是学校体育，而提高中华民族体质则是我国体育要实现的基本目标，现在的大学生基本都是18~22岁，所以还有青春期的特征，身体形态和功能不够完善，并没有完全成熟，缺乏一定的稳定性和平衡性，需要继续发展。体育锻炼是大学生保

①陈接华. 大学体育教学之我见 [J]. 教育与职业, 2006 (8): 119.

持身体健康、促进身体发育的良好手段，因此，大学生应提高参与体育锻炼的热情，实现身心健康的全面发展。贯彻"健康第一"教育指导思想，大面积提高大学生健康水平，是我国大学体育教育一项十分紧迫的任务。国家和民族的强盛与兴衰与民族素质有着直接关系，而一个民族素质的标志和水平会直接由青少年的体质表现出来。

终身体育也要依靠学校体育。终身体育包含的范围非常广，其体系中包含众多年龄段的体育，如中老年体育、青少年体育、学龄儿童体育、学龄前儿童体育和婴幼儿体育等。还可按照体育要实现的任务和目标来分类，如社会体育（范围包括成年后至老年）、学校体育（范围包括儿童、少年和青年）、幼儿园体育（范围包括幼儿和儿童）、家庭体育（范围包括婴幼儿）等。现在的大学生正是锻炼身体的好时期，既要做到全面、系统地锻炼，也要做到有计划和有目的地锻炼，在强健身体的同时，也要熟练掌握与体育锻炼相关的技能和知识，具备一定的体育意识，促进身心健康的全面发展。身体在此时的生长和发育与之后的人生有着直接关系。如果身体在青少年时期出现心肺功能差、脊柱侧弯和驼背等情况，那么将伴随一生，永远无法消除。因此，在终身体育中，大学体育是不可缺少的一环，发挥着承前启后的作用，是实现终身体育的重要内容。

我国体育竞技水平的提高和后备人才的培养都在一定程度上依赖着大学体育。大学生有着出色的体能和智力，一定能为我国竞技体育的发展发挥出应有的作用。大学生在自身发展中不仅要具备一定的体育技能和知识，坚持身体锻炼，更是为了以后实现终身体育，发展我国群众体育而打下良好基础。

第三，社会主义文明的建设与多姿多彩的校园生活都需要大学体育。大学生要在学习生活和课余文化生活中找到平衡，既要严肃紧张，又要轻松活泼，如此才能促进身心健康的全面发展。体育除了有助于发掘智力，还可以起到全面提升学生素质、弘扬社会文化的作用；要纠正大学生的不良行为习惯，从精神上抵制污染，崇尚积极向上的健康生活。思想建设和文化建设都需依托学校体育，在学校体育的推动下积极向前发展，进而辐射到全社会，从而达到促进社会精神文明发展的作用。

（二）大学体育的主要任务

我国大学体育要实现的目标不仅要依照体育功能、大学生所处的年龄段，还要依照我国教育事业和现代社会的发展需要，其目标是让大学生具备健康体育的意识，提高体育技能，自觉坚持体育锻炼，增强自身体质。让大学生有正确的体育观念、良好的行为习惯和思想品格，全面发展德、智、体、美、劳，为发展社会主义事业打下良好的基础，通过以下这些任务可以帮助大学体育更好地实现以上目标。

第一，增强体质、增进健康，是我国大学体育要完成的最重要任务。其既反映了体育具备的最本质功能，也符合当前我国大学生身心健康发展和社会主义建设的需要。大学生基本都处在最具生命活力的青年期，特别注重身心的健康发展，可以在这一时期督促大学生加强对体育健康的学习，让大学生养成良好的生活习惯，身体健康和心理健康两手抓，鼓励大学生参加各种各样的文化活动，坚持锻炼身体，保证大学生的内脏功能和身体发育良好，增强体质，让锻炼更有效，增加身体抵抗力，具备快速适应环境和参与各种活动的能力。

第二，坚持锻炼身体，学习体育健康知识并掌握相关技能。为保证大学生具备正确的体育意识，充分了解体育健康知识，激发出大学生参与体育锻炼的热情，保证身体健康，就需要大学生不断学习有关体育和健康方面的知识，要科学地参与运动项目的锻炼，熟练掌握其技术，并养成坚持锻炼身体的好习惯。这些可以很好地满足大学生以及当代人身体健康的需要。

第三，培养良好思想品德、意志，促进学生个性完善发展。育"体"和育"心"在大学体育中同样重要。体育本身具备的特征为大学体育提供了多种多样的形式，但要在筹备体育竞赛、开展运动训练活动、安排体育课程等过程中时刻关注对其思想和意志方面的学习。鼓励大学生积极锻炼身体，早日投身于社会主义现代化建设中；培养大学生具备奋发图强、敢于拼搏、吃苦耐劳、团结友爱的优秀品格；鼓励大学生积极养成健康的行为，具备发现美、表达美、热爱美的能力，让大学生实现更高更好的追求，全面提高大学生在个性方面的发展。

第四，提高运动技术水平，为国家培养体育人才。大学积极推动群众性体育活动的同时，也应着重培养一些具备专项运动才能、体育运动突出的大学生，科学合理地为他们安排训练活动，让大学生充分发挥体能和智能的长处。要始终遵循体育运动的规则，为大学生灌输正确的竞技教育知识，展开科学、系统的训练，让大学生的运动水平得到极大提高。这样不仅可以丰富大学生的课余生活，也有利于开展各类群众体育活动，还可以增加国家竞技运动人才的储备量。

(三) 大学体育的具体工作

大学体育的具体工作是实现我国大学体育目的与任务的基本途径，主要包括以下两方面的内容。

1. 体育课程教学

体育课程教学是大学体育中的重要组成部分，是实现我国大学体育的目的与任务的主要途径之一。教育部把体育课改为体育与健康课，这为体育课教学工作的正常开展提供了强有力的法规保证。

通过开设体育与健康理论课、体育实践课和体育保健课，向学生传授体育基础理论知识，提高大学生对体育的认识，树立终身体育的观念；学习科学锻炼身体的方法；掌握锻炼身体的基本技术；提高大学生的体育文化素养和体育欣赏水平。

2. 课外体育活动

课外体育活动作为大学生体育教育的重要组成部分，在大学体育教育中扮演着重要角色。课外体育活动，能增强大学生的体质，保障大学生的身体健康。大学生可根据自身身体状况及个人喜好并结合自身的职业发展需要选择适合自己的体育课外活动项目，制订科学合理的锻炼计划，从而促进身心健康发展。

（1）群众性体育竞赛。作为体育教育的另一重要形式，群众性体育竞赛一般包括校内和校外两种竞赛方式。前者通常是指校内举办的以班级、年级、院系等为单位的比赛项目，如友谊赛、达标运动会等；后者通常是指派校队运动员代表学校参加的校外体育比赛。不管是哪种方式都突出了群众性体育竞赛广泛性和多样性的特点。

（2）野外活动。在自然环境中开展的各种活动都称野外活动。例如，人们常见的水上运动、冰雪运动、空中运动等，这些从活动环境上来看都属于野外活动。此外，人们经常提到的竞技类、健身类活动等也属于野外活动。各种各样的野外活动在陶冶大学生情操、提升大学生身体素质等方面起到了重要作用，这种作用是一般体育运动所不能替代的。目前野外活动在发达国家体育教育领域已非常流行，在我国也值得借鉴和引用。

（四）大学体育的教学目标

1. 大学体育教学目标的特征

"大学体育在专业课程学习之外极大地丰富了大学生的运动知识，提高了他们的身体素质，是关系到大学生身心健康的重要途径。"[1] 大学体育教学目标是指在一定时间和范围内，师生经过共同努力后预期所要达到教学结果的标准、规格或状态。它是体育教学的出发点和归宿，并决定着体育教学的方向。

这是教师的教和学生的学共同努力的目标，即对教师来说是教授的目标，对学生来讲是学习的目标。体育教学目标更多地体现于体育教学活动主题的要求，具有一定的客观性和自主性，在实际体育教学活动中可以根据实际需要进行适当的调整和变动。

大学体育教学目标具有两个主要特征：①能详细说明目标的内容，即说明做什么和如何做（知识、方法等）；②须用特定的术语描述教学后学生应能做以前不能做的事情，即

---

①华卫平. 浅论大学体育教学现状 [J]. 佳木斯职业学院学报，2015（7）：379.

教学后所要达到的结果的详细规格。

2. 大学体育教学目标的意义

大学体育教学目标不仅是体育教学活动的预期结果，而且是体育教学活动的调节者。体育教学目标一经确立，就会对体育教学活动产生积极的影响。合理制定体育教学目标对实现体育课程的本质功能，完成人们对体育教育的价值期待是非常重要的。合理地制定大学体育教学目标的意义主要表现在以下五个方面。

（1）彰显体育课程的本质功能。体育是作为人的自然属性与社会属性的身心教育，体育课程的本质属性反映了国家对人才体质健康的整体要求。体育课程的本质属性在于"身心兼修，魂魄并铸"的人的社会属性的培养。体育课程关于身体的问题不是简单的生物性问题，而是身体的社会性问题。体育课程不仅要强化身体、赋予身体能量，更要关注身体的社会情感、行为规范和伦理道德；体育课程研究要立足国情，立足民族发展需要，遵循特定的国家意志，担负起身体教育责任和使命。故体育课程目标的确定、课程内容的选择与组织等标准问题，绝不是一个技术问题，而要根据国家需要来规定所教的内容，通过课程实施来实现下一代的培养和教育。因此，合理制定体育教学目标是彰显体育课程的本质属性和关键所在。

（2）实现体育的教学目的的保障需要。唯有合理地制定体育教学目标，才能稳妥地实现体育教学目的。例如使学生在每节体育课中都能情绪高涨地学习体育知识、技能和方法，积极活泼地参加练习与比赛则是"运动参与目标"的达成标志；使学生在某个单元内掌握某项运动技能和方法，并增强该项运动技能的安全意识和防范能力，则是"运动技能目标"的达成标志；使学生在某个学年掌握了1~2项运动技能及有关的体育保健知识，自觉锻炼身体，全面发展体能与健身能力，则是"身体健康目标"的达成标志，等等。如果所有的体育教学目标之和仍没有完成体育教学目的，那么意味着体育教学目的没有得到实现。由此可见，因地制宜、切合实际地制定合理的体育教学目标是实现体育教学目的的保障需要。

（3）定位和指导体育教学任务。"目标"这一预期的结果通常是策略性的，并具有灵活性，可观察、可明确地解释、可测量、可评价。体育教学目标决定于具体的体育教学任务，而具体的体育教学任务可以支撑体育教学目标的实现。体育教学任务要以体育教学为依据，合理的体育教学目标有助于明确教学任务。因此，体育教学目标对体育教学任务既具有定位功能又有指导作用。

（4）指引教师的教，激励学生的学。体育教学目标的完成需要教师的教和学生的学两方面共同努力，反映了师生在体育教学中的努力方向和愿望。体育教学目标为教师的体育教学工作明确了预期成果，使他们清楚体育教学工作的努力方向。在体育教学过程中，体育教学目标的实现遇到阻力障碍，教师应及时地发现问题，修正体育教学的教法甚至教学内容；同时作为体育学习者，学生应在教师指导下，改进体育学习的学法。

（5）评估体育教学质量，纠正体育教学偏差。体育教学质量评估的主要依据是体育教学目标，评估的形式主要是体育教学评价。教学评价是体育教学的重要环节，体育教学工作状态的优劣，必须通过适时的教学评价才能获得相应的信息，才能了解体育教学目标的实现程度，才能使体育教学过程最优化。从设定的教学目标出发，去检查体育教学工作实现目标的确切程度。通过不断的信息反馈，及时纠正体育教学活动的偏差，使一切教与学的活动都紧紧围绕体育教学目标的实现来进行，以提高教学效能。因此，合理地制定体育教学目标能有效地评估体育教学质量，并通过体育教学系统的信息反馈，及时纠正体育教学工作的偏差。

3. 大学体育教学目标的内容

依据大学体育的总目标，可将大学体育教学目标的内容划分为以下三个方面。

（1）掌握体育卫生保健知识和体育技术、技能方面的目标。

（2）懂得锻炼身体，增强体质，促进健康方面的目标。

（3）培养良好思想品德教育方面的目标。

在体育教学实践中，处于不同阶段、不同时期、不同教学内容的教学时，教学目标可有所侧重。

（五）大学体育的教学内容

随着基础教育课程与教学改革的深入，大学体育课程教学内容和教材也相应变化。体育教学内容是体育教学系统的核心和基础，是教学过程中"教"与"学"双边活动的中介和载体，大学体育教学内容是体育教学计划、教学大纲、教材中体现出来的体育与健康的知识和技能体系。深入理解体育教学内容的内涵、特点、分类，把握体育教学内容的分类、选择、加工和设计的原则与方法，是影响从教学目标的确定到教学方法、教学评价的体育教学实践的重要环节。

1. 大学体育教学内容的含义

体育教学内容是伴随着体育教学活动而出现的，由于文化、教育和社会发展的差异，不同时代、不同民族有不同的体育教学内容，对体育教学内容相关问题的认识也各不相同。通常认为，大学体育教学内容是教师依据体育教学目标选择出来，并在体育教学中传授给学生的体育与健康知识技能的总和，包括体育基本知识和与运动有关的卫生保健知识、身体锻炼方法和各种运动技能。体育教学内容包括以下两层含义。

（1）体育教学内容有别于一般的教育内容。首先，体育教学内容是依据体育教学目标而选择的，在制定目标时充分考虑了学生身心发展需要、教学实际条件等因素。其次，体育教学内容是以身体活动为基本手段来进行的教育，以身体锻炼、身体练习、运动技术与技能学习和教学比赛等组织形式为主的教学形式，而语文、数学、英语等学科则是通过理性知识传授为主的教育。

（2）体育教学内容也有别于竞技运动的内容。竞技运动中的训练虽然也有育人功能，与体育教学类似，体育教学和竞技运动的内容都是运动项目而且大部分相同，但二者的目的和对运动项目的运用都有很大差异：大学体育教学以培养健康的合格公民为目的，竞技运动以培养高水平运动员和取得优异运动成绩为终极目标；大学体育教学内容需要根据社会发展和教育的要求进行必要的改造、组织和加工，而竞技运动内容不必和不允许进行改造。即使是相同的运动项目，二者对受教育（训练）者在体能发展的水平和动作技能的标准化程度等方面的要求也迥然不同。

由于大学体育教学内容在形式、性质和功能上的多样性，使体育教学内容在选择、加工、组织和教学过程控制中变得更加复杂。

2. 大学体育教学内容的特性

（1）实践性。大学体育教学内容以身体锻炼、身体练习、运动技术与技能学习、教学比赛等组织形式为主，身体活动是这些教学内容的共同特征。身体运动的实践性是体育教学内容最突出的特点之一。这里的实践性是指体育教学内容绝大部分都与由骨骼支持的身体运动实践紧密相关，受教育者本人必须亲身参与这种以大肌肉运动为特点的运动时才可能学会这些教学内容。体育教学内容中的知识学习和道德培养，也必须通过运动过程和体育学习情境氛围，通过运动中的本体肌肉感觉和情感体验才能最终获得，这是与其他学科教育内容最根本的区别。

（2）健身性。由于大学体育教学内容以身体活动为基本手段，体育教学必然会对身体形成一定的运动负荷。因此，在运动方法和运动负荷合理的情况下，体育学习和练习自然会对身体产生锻炼的作用与效果。虽然由于教学时间的安排，运动负荷的大小、多少和学习目标的优先顺序等各种因素而经常处于非自觉状态，但只要在选择、分析和设计体育教学内容时根据受教育者不同的身心特点将这些健身性的内容进行科学的设计和控制，在体育教学中将以锻炼身体不同部位为主的内容进行搭配，在教学过程中对运动负荷大小进行合理安排，对每个教育内容的健身效果进行评价并反馈改进教学，就可以最大限度地发挥体育教学的健身效果。

（3）娱乐性。由于体育教学内容大多是竞技性的运动项目，参加者在这些运动过程中的学习、竞争、协同、挑战、表现、战胜、超越等心理体验和成就感、卓越感等，都会让人产生愉悦的审美体验。当学生在教学过程中真正感受到这种愉悦的体验时，就会强化在体育教学中对运动乐趣的追求动机，这也是体育教学内容与其他文化课内容的重要区别。

（4）层次性。大学体育教学内容具有鲜明的层次性。体育教学内容的层次性表现在以下两个方面。

第一，体育教学内容的内在层次性，即体育运动的内在规律使体育教学内容的技术与战术之间、内容与内容之间存在着由简单到复杂、由易到难的递进式的层次性，这种内在层次性相互联系、相互制约，例如篮球运动中的运球、传球等基本技术是篮球战术学习的基础，田径教学中的短跑教学内容是跨栏跑教学内容的基础等。体育教学内容的内在层次性是我们编制体育教学内容的依据。

第二，体育教学内容的外在层次性，即学生的生理、心理和社会特点等外在因素也具有递进式的层次性，这使体育教学内容的安排应具备系统性、逻辑性并与以上层次性因素相适应。

（5）开放性。大学体育教学内容大多是以集体活动形式进行的运动学习和运动竞赛，这种集体活动又多是以队形变化、分组学习、分组练习来组织进行的。在运动学习、练习和比赛中，教师与学生、学生与学生可以自由地相互交流，互动频繁。一些以分组学习或练习进行的内容需组内"角色扮演"分工明确，在体育学习中的"社会角色"变化远远多于其他学科的学习。所以，体现出体育教学对学生集体主义精神、竞争意识、协同能力培养的独特功能。

（6）约定性。体育运动项目或身体练习方式是在一定的时间、场地、空间或在专门器械上，按照约定的规则和程序进行的，如"田径""郊游""沙滩排球""户外运动""沙地网球""平衡木""撑竿跳"等。也就是说，如果这些项目离开了特定时空的制约，其内容和形式就会发生质的变化，甚至内容本身就不存在了。由于体育教学内容的时空约定性，使体育教学内容对运动的时空有很大的依赖性，也使场地、器材、规则本身成为体育教学内容的制约因素。

第二节　大学体育的地位与特征

一、大学体育的重要地位

在高等教育中，大学体育属于重要组成内容之一。身体练习是体育教学顺利进行的必要手段，借助科学合理的教学以及练习计划，学生的体质势必在这一过程中得到提升，可以更加健康快乐地成长。此外，还要重视大学生体育文化素养的提升，在设置目标时也要注意安排这方面的目标。大学体育需要承担的职责有多种，不仅需要为国家培育身心健康的高级专门人才，还需要保证我国体育事业获得进一步发展、大学生课余文化生活可以获得进一步更新与发展等重要任务。与此同时，作为我国学校体育的最高阶段，大学体育还是社会体育、终身体育得以实现的基础性教育。

（一）全面发展教育的重要组成部分

所谓的全面发展教育，主要指的是在保证受教育者实现全面发展这一教育目的的指导下开展涵盖德育、智育、体育等在内的教育。作为重要教育形式之一，大学体育可以为学生实现全面发展提供重要助力。作为高层次人才的重要培训基地，大学要想培养一批健康且优秀的高素质人才，就要重视提升其各方面素质，保证其在身心健康的同时实现持续发展。学校体育在设置目标时一定要基于学校教育目标进行。在高校教育中，大学体育的地位主要取决于大学体育所具有的功能以及社会发展对大学体育的要求。大学体育，一方面属于大学教育的重要构成内容，另一方面又属于大学教育开展教学的众多教学手段中的一种。

人们整体素质的高低将在很大程度上取决于人们所接受的教育是否全面，而大学生的身心能否实现健康发展关键在于大学体育教育是否落实到位。倘若体育教育在实际教学中并不能切实到位或者出现缺位，那么这种教育形式是不科学、不全面的，是有缺失的。大量实践证明，体育和其他教育形式相比具有十分独特的价值与意义。例如，其可以保证大学生的身体获得进一步强健，也可以确保大学生的心理承受能力、社会适应能力等都获得进一步发展。总而言之，体育可以确保大学生实现全面发展。

（二）大学生身心健康的重要手段

大学生不管是生理还是心理都处于青春期，根据人体身心所属的发展规律可知，尽管其身心发展已基本处于相对较为成熟的阶段，但仍不完善，可以在后续阶段实现进一步发展。全民体育要想实现进一步发展，离不开大学体育的支撑与保障。重视高校体育教育，一方面可以保证学校更好地开展全面教育，另一方面也可以确保大学生身心健康需要更好地得到满足。在青春期发育后期，大学生之间不管是同化作用还是异化作用在此时都基本上处于一种平衡的状态，人体的发育与生长也逐渐处于稳定状态，器官系统的功能以及适应能力水平发展到该阶段已处于相对较高的层次，在性方面也基本发育成熟。综上可知，大学生所处阶段，正是人体生命力最为旺盛的一个时期。

鉴于此，大学体育教育一定要把握住这一契机，在组织教育教学的过程中一定要重视学生身心健康的协调发展，以便引导学生对健康常识有所了解，对体育锻炼知识以及相关技术有所掌握的同时，保证自身的运动能力得到有效提升，养成定期参与锻炼的良好习惯，进而保证大学生实现自身身心健康全面发展。从长远来看，这不管是对提升全民族身体素质还是保证全民健身战略得以切实落地执行，其所具有的意义以及价值都无法比拟。大学生这一群体一定要坚持将健康意识在实际教学活动和生活中加以贯彻落实，以此养成定期参与体育运动的良好习惯，进而确保自身体育素质获得进一步提升的同时，还能保证自身的生活方式获得进一步矫正。从长远来看，这无疑十分益于学生摆脱不良的生活方式，实现健康、幸福的发展。

(三) 校园文化生活的重要组成部分

在众多建设社会主义精神文明的方式方法中，体育属于重要手段之一，其不仅可以实现文化建设，还能更好地实现思想建设。在繁忙的学习生活之外，即在课余的闲暇时光中，大学生一定要合理安排业余生活和体育锻炼，以此来保证课余闲暇时光不仅安排得当，还安排得健康、文明，以此来更好地满足自己实现身心全面发展这一切身需求。鉴于此，一定要在日常教学活动中重视校园体育活动，主张利用形式多样、内容丰富的体育教学来为大学生这一群体提供更为丰富的教育空间，有计划、有节奏地引导学生实现文明健康生活。

二、大学体育的特征分析

大学体育课程作为高等学校课程体系必修公共课程之一，采用的主要手段是身体练习，以此来使学生达到健康发展的目的，属于开展素质教育的重要渠道之一，同样也属于培养建设社会主义新一代人才——德、智、体、美、劳全面发展的重要途径之一。

体育教育最显著的基本特征之一便是教育性、教学性。不管什么样的体育教育在开展的过程中都离不开一个指导者的组织。所谓的组织者，多数情况下指的是负责教学活动的教师，体育教师会按照一定的教学计划保证体育教学有计划地进行。体育教育的开展主要途径为教学，主要形式为课堂教学或者专门性辅导，主要手段则为身体练习以及卫生保健。上述所提及的特征促使体育教育区别于其他体育形态。作为教育活动中的一种，大学体育教学和其他学科存在一定相似之处，但不可否认其也存在独特之处。大学体育教育所具有的特征，具体如下。

第一，从所涉及的内容来看，大学体育教学所涉及的内容不仅有体育运动知识与技能、教育心理学与健康心理学知识，还有会涉及营养、安全、环境等和学生日常生活以及学习生活密切相关的内容。

第二，从认知运动技能的方式来看，学生在体育活动中的认知活动涉及的内容，不仅有一般学科在组织教学过程中，同样涉及的形象性认知和概念性认知，还涉及在技能学习过程中加以运用的身体运动性认知。

第三，从组织体育教学活动的具体形式来看，体育教学环境并非一直都处于固定不变的状态，而是会因为环境等各个因素的作用而出现变化，所以体育教学环境是复杂多变的，且在体育训练过程中，人际交往也相对较为频繁，因此大学生的情感体验相对更为丰富，会对学生各方面产生不可忽视的影响与作用。

第四，从采用的体育教学手段以及方法来看，大学体育更为重视的是培育并提升学生体育文化素养，引导其对体育运动技能深入掌握。鉴于此，除了要求学生对体育知识以及理论加以理解之外，还会对学生体育实践能力提出较高的要求。在教学方法的选择与应用上，一定要选择有利于培养以及提升学生在自学、自练这方面能力的教学方法。

第三节 大学体育中的主体与主导

一、大学体育中的学生主体

大学体育中学生主体的特点可以从多个方面来描述，主要包括身体素质、认知水平、兴趣爱好以及心理状态等。

第一，身体素质的提高。进入大学之后，学生开始接触更为专业的体育训练和教育体系，他们的身体素质有望得到显著提高。他们将接受更高强度的体育训练，如有氧耐力、力量、灵敏度和柔韧性等方面的训练，使他们的身体能力得到全面锻炼和提高。

第二，认知水平的提升。大学体育中学生主体在学业和体育训练上的要求相较于中学阶段更高，因此他们需要更好地管理时间和资源。这种要求促使他们不断地提升自己的认知水平，包括学习能力、解决问题的能力、创新思维等。他们需要学会合理安排学习和训练时间，充分利用资源，提高自己的学业和体育表现。

第三，兴趣爱好的多样性。大学体育中学生主体来自不同的地区，有着不同的文化背景，他们的兴趣爱好也会多样化。大学为学生提供了更为广泛的体育项目和机会，如足球、篮球、排球、乒乓球、羽毛球、游泳等。学生可以选择自己感兴趣的项目参与和发展，从而培养出对特定项目的专业技能和热情。

第四，心理状态的变化。进入大学后，学生会面临更多的压力和挑战，例如学业压力、竞争压力和适应新环境的压力。这些因素可能会对他们的心理状态产生影响。因此，大学体育中学生主体需要学会应对压力，保持积极乐观的心态，同时建立良好的支持系统，如与教练、同学和朋友进行交流和互助。

第五，团队合作和领导能力的培养。大学生通常会参与各种团队项目和比赛，这会促使他们培养团队合作和领导能力。通过与队友合作、沟通和协调，他们学会了相互支持、信任和有效地解决问题。在一些情况下，大学生可能被选为队伍的队长或担任其他领导角色。这就要求他们具备并展示出领导才能和组织能力，激发团队成员的潜力，推动团队向共同目标努力。

第六，健康意识和生活方式的培养。大学体育中学生将学习和了解更多关于健康和生活方式的知识。他们会接受营养和健康教育，了解如何保持良好的饮食习惯和健康的生活方式。他们将学习如何平衡学习、训练和休息，以及如何预防运动伤害和保持身体健康。

第七，竞技水平的提高。在大学体育中，学生有机会与其他高水平运动员竞争和交流。他们将接触到更高水平的比赛和挑战，从而不断提高自己的竞技能力。这种竞争环境能激发他们的潜力，使他们不断追求卓越，提高自己的技术和战术水平。

第八，职业规划和发展机会。对一些有意向从事体育相关职业的学生来说，大学体育是他们进一步发展和实现职业目标的重要机会。他们可以通过大学的专业课程和实习机会，深入了解体育产业和管理方面的知识，为将来的职业规划奠定基础。

总之，大学体育中学生主体的特点包括身体素质提高、认知水平提升、兴趣爱好的多样性、心理状态的变化、团队合作和领导能力的培养、健康意识和生活方式的培养、竞技水平的提高，以及职业规划和发展机会。这些特点将帮助他们在大学期间全面发展，并为未来的个人和职业生涯奠定基础。

二、大学体育中的教师主导

(一) 大学体育教师角色的变化

教师的角色特征随着社会的变化呈现出累积性的发展，具有外延缩小而内涵扩大的演变规律。教师在原始社会是长者角色，而在奴隶社会和封建社会，教师则是文化知识者角色，经过工业社会的知识传递者角色，到了信息社会，教师成为促进文化知识的传播者。社会在长时间的发展进程中对教师给予过高的期盼，促使体育教师有了自身的角色意识，使其过度注重自身的工作担当、自身行为和态度。教师的自身角色定位，使体育教师在学校以此为基础开展工作，对自身的行为和思想约束过多，这是不应该的，必须改革。

当前，国内外课程改革受到建构主义教学理论的很大影响。在这一理论中，人并不是被动地接受知识，在学习知识时，人是结合自己的经验建构知识的。对教师而言，应当促使其建构自己的知识体系，而不是单纯地复制知识；教师的教学应当让学生以塑造新的知识信息为目的，使学生主动创造；教师应当在互相矛盾的事物中进行角色表现，从而让学生产生不平衡的认知，以此来对学生的思维进行引导，使其发现问题、反思问题；教师应当启发学生的思考，通过开放式教学参与到学生的探究中，不断地更新课程理论，使课程环境产生变化，使学生实现从独立学习到合作学习、单方面发展到全面发展、接受学习到探究学习、被动学习到有计划学习、单向传递到多向传递的转变。

（二）大学体育教师的主导性体现

关于主导的含义，概括起来主要有五个方面的理解：一是指主导属于对立哲学范畴，在矛盾中指对立双方中主要和起决定作用的方面；二是指主导在传统教学论术语中发展而形成的现代教学论术语，启发和主动地推动指导；三是指教学过程中主要的矛盾教师和教材之间的矛盾，学生与教材的连接须通过教师这一中介，这一主导作用就是中介作用；四是指主导就是领导，主要是由于教师会对学生以及知识的认识途径、认识质量和结果起主导作用，教师是主要负责人；五是指教辅助学和支持教学是教学的本质，学生的学习态度直接决定了教学成效，在教学中，教师的主要任务是辅佐学生。

学生的主体性与教师的主导性相对应。在教学过程中，教师的主要责任和地位是主导性的表现，而主导性又包括对学生的诱导、领导和指导等。

1. 主导性内容

（1）使体育教学指导思想贯彻到实践中。时代发展的同时，体育教育也在发生变化，体育教材和实际教学是这一变化的直接体现。将指导思想贯彻到教学过程中是体育教师的重要任务之一，在这一过程中，体育教师是主导者。

（2）选择教学内容并加工教材。体育教师是学生与体育教材之间的中介，其重要任务就是选择并加工合适的体育素材，使其成为一套教材。体育教师应当结合学科与社会要求和学生需求搜集教学素材，寻找最合适的教学内容。

（3）选择的教学手段和方法应当适合学生。教材对相应的教学手段和方法有一定要求，这一要求会对体育教学方法选择的正确与否产生直接影响。教师应当灵活地运用教学方法，设置教学情景，使学生更好地理解并加以学习。在对体育教学方法的选择和运用过程中，教师是主导者。

（4）评价体育学习结果。教师应当评价学生的学习效果和学习态度，以此来激励学生，从而形成最终的综合性评价，在评价中，应当结合学生之间的自我评价和互评。在体育学习评价这一过程中，体育教师是主导者。

（5）创造与学生相适应的体育教学环境。体育教学对环境的要求较为特殊，整体环境应当安全并且美观舒适。在这一环境中，教师可以创造良好的教学情景，使学生更好地掌握知识和技能，在体育教学环境的创造中，教师是主导者。

2. 主导性条件

要有效凸显教师的主导地位、充分发挥其主导作用，首先要明确教学目标。只有确立了清晰明确的目标，才能有针对性地开展教学活动。其次要明确主导对象，只有符合教学对象发展特征、需求及实际情况的教学方案才能真正发挥作用，保证教学质量。最后要明确教学路线，为教学活动提供依据和方向。这要求体育教师必须具备以下三个条件。

（1）知识要求。体育教师在知识掌握的深度和广度方面都有明确的要求，具体表现在：①基础知识方面，要博物多闻，掌握尽可能多的科学和人文知识，尤其是在新媒体技术应用日益广泛的教学现状下，体育教师不但要熟知计算机、图文处理、常用语言等应用性知识与技能，同时还要熟悉美术、舞蹈等艺术类知识及逻辑推理、科学研究等方法类知识；②教育知识方面，需要对教育学、心理学等现代教育知识有全面深入的研究和领会，精准把握教育发展的规律，明确不同阶段学生的发展特征及需求，且能熟练掌握、灵活应用各项体育教学方法；③专业知识方面，要专而精，通晓各类人体生物学科理论及体育相关发展历史、操作原理、方式方法等。

上述知识内容要按照"金字塔"形式逐层夯实，形成一套密切相连、相辅相成的科学知识体系，为高效地开展体育教学活动提供保障。

（2）素质要求。主要包括三个方面：①要有殚精竭虑的奉献精神和以身作则的社会责任感。②要紧跟时代发展步伐，树立终身学习意识，不断充实自身的知识、技能等素养。③在行动上要脚踏实地，在思想上要高瞻远瞩，以推动学生身心健康发展，帮助学生树立终身体育意识为目标兢兢业业地当好学生成长道路上的"引路人"。

（3）能力要求。体育教师需要具备的能力主要包括：①组织管理能力，要能根据教学目标和学生发展特点有针对性地制定切实有效的教学内容，在课堂和课外活动中还要注意劳逸结合、寓教于乐，有效调动起学生的积极性和主动性，这些都需要组织管理能力的支持。②表达能力，需要灵活、有效地借助各种语言、肢体动作和图标等形式，深入浅出、清晰准确地传达教学内容，让学生快速理解。③体育科研能力，要善于发现、研究并采用科学有效的创新手段来有效处理教学活动中遇到的各种问题。④熟练应用现代化教学技术的能力。

三、大学体育中教师和学生的关系

教师的主导性在体育学习中也可以被认为是指导性，主要指教师指导学生学习的强度和质量。学生的主体性是指学生在学习过程中拥有自身的学习目标和学习动力，而目标的清晰和前进动力的强大之间的连接能促进整个学习过程。

（一）主导性和主体性的协调统一

学生的主体性学习能在教师的良好指导下更好地发挥出来，在学生与教师的互动过程中，教师的正确指导结合学生的积极学习能极大地促进整个学习过程。如果学生在学习中缺乏积极性，则体现出教师指导方式的不恰当和不正确。但是并不能对立地看待学生的主体性和教师的主导性。过分强调学生的主体性是对学生的暂时放任，这种教学方式无法使教学目标长远发展，虽然课堂氛围较强，但学生的学习目标并没有指向性，许多危险因素依然存在。如果一个课堂被指责教师指导性过强，反而说明教师并没有较强的主导性。如果学生的积极性并没有被调动起来，那么教师的主导是无效的。

另外，应当正确认识体育教学中的纵向师生关系，防止课堂中产生放任现象。社会对教师和学生的定位直接决定了体育教学中纵向师生关系的存在；而这一关系的存在使得在师生关系中，教师处于中上位并占据主导地位。

教师应当积极热情地对学生进行指导和关心，给学生提供各种教学服务，让学生在教学中能获得帮助，同时，教师还要为学生制订有针对性的学习计划和学习策略，并应当积极地成为学生的朋友。但是教师授业解惑这一职责的主体性也是绝不能忘记的，教师是传授和管理知识的主体，不应当削弱和动摇教师在整体教学过程中的主导地位和主导作用。

（二）主导性和主体性的相辅相成

一方面，单从词语的角度来看，主导性和主体性是不对称的，若想让主导性和主体性产生对称关系，可以将一个共同的前置词放到它们的前面：在体育学习中，教师的主导性体现为对体育学习的主导性，学生的主体性体现为其在体育学习中的主体性。以此种方法产生的对称十分自然，教师和学生之间的互动关系也自然而然地体现出来。

另一方面，人们往往不能正确地认识师生关系，主要是由于人们往往会对立性地看待教师与学生的地位，对一方的地位过于强调而忽视另一方的重要性。从根本上来说，只要教师能将其主导性发挥出来，学生就能体现出自己学习的主体性；而如果学生没有充分地体现出自身的主体性，那就说明教师并没有很好地发挥自己的主导性。两种性质会多方面地影响师生关系对学生产生的影响：影响学生对课堂的整体兴趣，影响学生的全面发展，影响学生的学习效率、情绪和效果。因此，体育教师不仅要注重自身的工作作风和思想品德，还要提高自身业务能力，争取在课堂中塑造和谐的人际环境。

第二章 大学体育教学体系研究

第一节 大学体育教学环境及其优化

一、大学体育教学环境及特性

(一) 大学体育教学环境的基本内涵

人受不同的环境影响产生不同的行为特征。环境可分为社会环境和自然环境，其改变可对个体乃至社会产生极为重要的影响。在体育教学活动中，外部环境同样对评估教学质量起着不可忽视的作用，对体育教学活动的顺利进行和学生身心健康培养产生影响。具体而言，教学环境被视为一个复杂系统，由多个因素构成，对促进教育计划的制订、教学活动的展开以及教学结果的评价具有重要意义。教学环境联系着学科的形成和发展。作为教学环境中的一种，体育教育的环境能对学生产生潜移默化的影响，良好的环境是学生有效学习的重要前提。学生不仅可以从中提高体育学习能力，教师也能利用其顺利组织体育教学活动。另外，体育教学环境因其多样性、复杂性的特点，其实施需要综合考虑实际情况和客观条件。

与其他学科不同，体育学科的上课场所具有多变性。对体育教学活动来讲，学生和教师参与的场所大多在室外，且需要具备一定的体育教学器材和教育硬件设施，并要求学生积极参加到活动中去。体育教学环境具体可以分为人文层面环境、物质层面环境。从人文层面环境来讲，体育教师需要充分考虑学生的实际条件开展教学活动，充分提高学生参与的主动性和积极性，并且给予人文关怀，合理安排教学时间、教学内容；从物质层面环境来讲，体育教师应为学生营造良好的体育学习场所，并且为学生提供比较完善的体育教学设备和器械，促进学生身心健康发展。"高校体教融合是实现我国高水平竞技体育人才培养，高校体育教育工作全面、有机融合，促进我国青少年体育发展，实现我国体育强国建设目标的重要举措"。①

（二）大学体育教学环境的一般特性

体育运动教学环境是体育教学活动的实施基础。从体育教学实践活动中可以看出，体育教学环境相较于其他学科开展的教学活动来说，具有更加复杂、明显且直接的影响。营造良好的体育教学环境是师生展开、参与教学活动的起点，也是师生参与其中最重要的依托，如果失去这一依托，体育教学活动便不能顺利展开，师生的教与学也就失去了立足点。另外，因其影响因素的多样性和范围的广阔性，体育教学环境的重要性常被人所忽略，从而影响体育教学活动实施的最终效果。但实际上，体育运动教学环境在体育教学活动进程中起着维持、推进作用，这主要是由体育教学环境的复杂性、动态性决定的。

1. 体育运动教学环境的复杂性

对体育教学环境来讲，其影响因素更为复杂和多样，这也是与其他学科教学环境的区别之一。详细来讲，体育教学活动的场地大多选择在室外或是更加开阔的空间，而极少选择在室内，因此，这种特征也就决定了体育教学环境的复杂特性。除此之外，体育教学环境还可能受到校风、班风、体育文化氛围、师生关系、气候条件以及地理条件等外部条件因素的影响，因此环境更加复杂。

2. 体育运动教学环境的动态性

体育教学环境具有开放性和多维度的特点。通常来说，体育教学环境的设计是根据学校实际情况和提前制订的教学目标、计划，专门组织开展的一种全天候动态变化环境，并且最后再进行选择、论证和加工处理，将环境影响因素统一整合，从而使其能系统、集中地发挥作用，促进体育教学活动顺利开展。

二、大学体育教学环境的管理

体育教学环境虽然也包含一些自然环境因素，但大多都是人工环境，这就意味着要考虑人工产出、人工投入两者之间的关系。而深入探究体育教学环境的管理问题，则有利于实现人工产出与投入之间的最优化。

对体育教学环境管理来讲，它是为了使体育教学环境的效应得到充分发挥，深入挖掘其潜能，使体育教学活动顺利进行。体育教学环境管理主要是对体育教学环境进行协调、控制、指挥、组织以及计划等相关措施的总称。

---

①杨一波. 体育强国背景下高校体教融合的实然之困与应然之策 [J]. 当代体育科技，2023，13（5）：144.

（一）大学体育教学环境管理的特征

体育教学环境管理根据主客体、性质以及内容的不同，具有双重性、多质性和综合性等特征。

1. 双重性

对体育教学环境管理的双重性特征来讲，其主要指社会属性、自然属性，这种特征主要是由管理的基本特点衍生出来的。体育教学环境管理的社会属性特征主要是因为体育教学活动是一种人类教学活动，其存在、发展密切联系着社会的进步与发展。另外，社会环境中存在的社会科学技术、社会经济以及社会制度等方面同样也对体育教学环境管理发挥重要作用。对体育教学环境管理的自然属性，通俗来讲指的是管理的合理性和科学性，即体育教学环境管理需要遵守客观事实规律，按照体育教学活动的实际情况开展管理工作。当然，由于体育教学环境管理客体的多质性特征，其具体实施情况还需要参考其他学科的经验、方法和理论。

2. 多质性

对体育教学环境管理的多质性来讲，其主要是指管理对象（客体）的多质性。体育教学环境的影响因素具有复杂性和多样性，各因素之间相互作用、互相制约，且这些组成因素的性质也有所区别。另外，体育教学环境管理的客体、主体都具有多层异质性的特点，这也意味着管理所涉及的方法、任务以及主体和客体之间的关系也是不相同的。

3. 综合性

对体育教学环境来讲，其自身的特点便带有综合性，包含多种要素，因此，体育教学环境管理自然而然也便具有综合性的特点。在体育教学环境管理的各要素中，它们具有多层次和多结构的特征，使体育教学环境管理不仅仅属于管理学学科的范围，还属于体育教学理论、系统理论、信息理论以及控制理论的范围，有利于指导体育教学环境管理工作顺利进行。

（二）大学体育教学环境管理的职能

一般来说，体育教学环境管理的职能有计划、组织、指挥、控制与协调五大职能。

1. 计划职能

体育教学环境管理具有计划职能。计划的主体是人，是指由计划者在行动、工作实施前所制定的具体工作步骤或内容，并确立科学、合理的目标方针，选择综合性较高的行动方案，做出行动决策。计划的制订不仅对行动目标实现的方式作出规定，还对管理目标的各种指标作出了反映。

在体育教学环境管理过程中，计划职能体现在三个方面：①体育教师根据预先制订的教学计划科学、合理地利用体育教学环境；②体育教师根据教学目标，综合考虑局部改造、整体发展两者之间的关系，从而确保体育教学活动的纵向、横向开展可以统筹兼顾；③体育教师根据体育学科整体发展步骤、职能部门的相关法规和政策以及教学单位等情况，制定科学合理的实施方案和具体目标，实现长期目标、短期目标的有机结合。

2. 组织职能

体育教学环境管理具有组织职能，即将体育教学环境管理要素结合成一个整体，其实现主要包括两个方面：首先，在具体实施情况方面，应根据体育教学活动所制定的目标，合理组织和运用财力和物力，确保为体育教学营造良好的体育教学环境，促进教学活动顺利开展。其次，体育教学环境的深入探索需要建立科学、合理的管理机制，明确各管理职位、管理机构的基本职责，确保体育教学环境管理系统综合有效。

3. 指挥职能

体育教学环境管理具有指挥职能。这种职能主要是根据体育教学目标，运用体育教学环境的功能，将各组织、各管理机构的任务综合联系起来，从而集中成为体育教学的有效整体。体育教学环境中各种影响要素的结合主要是为教学目标所服务的，并且对体育教学具有调控和指挥职能，以便更好地开展体育教学活动。

4. 控制职能

体育教学环境管理具有控制职能。在体育教学活动中，难免会出现各种问题和偏差，这就需要根据其控制职能，积极采取干预措施，使其与预先制定的体育教学目标保持一致，确保体育教学目标顺利实现。

5. 协调职能

体育教学环境管理具有协调职能。这种职能主要是为了保持体育教学环境本身所具有的优势、功能，最后保证教学目标顺利完成。体育教学环境管理涉及多个职能部门，因此各部门之间的有效协调可以营造出良好、合理的体育教学环境。除此之外，体育教学环境管理的协调功能还可在具体实施过程中发挥作用，协调学生并协同教学，共同完成体育教学目标。

三、大学体育教学环境的设计原则

如果想要为学生的学习营造非常优秀的氛围，那么需要注重体育教学环境的有关设计，进行教学环境设计时要考虑体育这门学科的具体特点，然后科学地设计。与此同时，也要考虑体育学生的心理需要、学习需要。具体来讲，应该遵照以下五个方面的原则。

（一）整体化和协调化原则

教学环境会直接影响最终的体育教学效果，不同的教学环境设计，会对学生的积极性产生不同的影响，教学环境设计涉及很多方面，所以，要求教学环境在设计时要从整体角度出发，注重不同方面之间的协调，也就是要按照整体化原则以及协调化原则展开相应的设计工作。教学环境的设计涉及的设计主体是学校和教师，因此要求学校和教师认真分析、综合规划，将不同的影响因素充分地考虑到设计过程当中，保证不同的因素可以协调发挥作用，最终设计出优秀的教学环境。

综合考虑教学环境设计的影响因素需要学校的领导以及教师观察学生的学习及生活，举例来说，应该注意师生之间和谐关系的构建，应该注重学生之间的友好相处，应该注意班级教室的构造安排、班级风气的打造等。这些因素都是环境设计需要考虑的因素，而且不同的因素之间应该协调处理，与此同时，环境设计还要参考教育目标、美学目标。

（二）教育化原则

设计教学环境主要的目的是让学生有更好的学习环境，间接促进教学质量和教学效果的提升。因此，环境设计一定要体现出教育化原则。学校是学生学习的重要场所，教学环境设计过程中也主要把学校当作设计对象，也就是说，教学设计应该针对有限的学校教学环境进行科学规划，要综合地利用校园的各个空间，让学生能感受到校园传递出的浓厚的学习氛围。与此同时，好的教学环境设计能潜移默化地影响学生，有利于构建更好的校园氛围、校园环境，有利于激发学生学习的主动性。

（三）自然化原则

教学是针对学生开展的，所以，在进行环境设计时要综合考虑学生的心理活动以及学生的个性特点。在当今的学习时代，学生和自然环境的距离越来越大，学生在了解自然环境时也是从书本的角度进行的，为了让学生和大自然更亲近，在教学环境设计过程当中应该加入更多和自然景观有关的要素，这可以让学生和大自然之间的关系更为亲近，而且大自然要素的增多也有利于学生身心健康发展，让学生更好地释放学习压力、精神压力，让学生始终在相对轻松的心理环境下学习。

（四）人性化原则

教学环境设计是为了让学生有更好的学习效果、学习成就，因此设计环境时要关注学生的需求，考虑学生的想法，也就是要体现人性化原则，要让环境设计符合学生的学习需要，让学生认为学习环境是舒适的。

（五）社区化原则

学生生活在校园当中，校园是一个巨大的集体，校园存在于社区系统中，因此社区环境不仅会影响学校环境的发展，也会影响学校发展。而且，当下非常提倡学校教育和社区教育之间的联合，非常注重学校社区环境的一体化发展，所以，学校在设置教学设施的时候也要考虑周围的社区环境，而且学校不仅仅为学生服务，它还会为社区中的公民提供一些服务。因此，在进行教学环境设计时要考虑到社区学校环境，要考虑社区居民的要求，而社区环境在设计时也应该更多地考虑学校、学生的需求。也就是说，二者要相互理解、相互考虑，通过联合的方式促进彼此的共同发展。

四、大学体育教学环境的自我调控与创新优化

（一）体育教学环境的自我调控

体育教学环境涉及很多的构成要素，体育教学环境的整体系统会影响教学效果的好坏，在真正的体育教学过程当中，为了让体育教学环境发挥积极作用，助推体育教学效果的提升，体育教学需要调控环境，进行调控的时候需要从多个方面多个角度入手。具体来讲，涉及的调控角度有以下三点。

（1）体育教学环境中布局的整体性。体育教学环境涉及物质构成因素，涉及心理构成因素，涉及有形构成因素也涉及无形构成因素，因此需要对这些因素进行调控，进行调控的时候要有全局观念，要从整体角度出发去协调，这样才能真正发挥出教学环境具有的积极作用。所以，在进行教学环境把控时最先注重的是整体布局，综合考虑体育教学过程中的场馆建设、设施配置、环境绿化、器材设置、人际关系、氛围建设、工作因素，然后结合学生需求去细致地协调不同的因素，让最后的教学环境整体布局符合学生需要，以及符合心理学基本原则要求、教育学要求、美学要求。在这样的整体把控、科学协调下，教学环境一定能发挥积极作用，塑造出符合体育发展要求的学生。

（2）体育教学环境中的特征突出性。环境对人的行为产生的影响是巨大的，环境有诸多属性、诸多特性，不同的特性产生的影响也是存在差异的，如果在体育教学过程中要强调体育教学环境的调控，那么需要将某些明显的体育教学环境特征凸显出来，这样环境产生的影响力会更大，师生的行为也会受到更大的影响，发生更大的变化，更加积极的变化。

举例来说，体育馆、训练室或者是体育图书资料室的入口处可以悬挂一面镜子，这样可以提醒师生时刻注意自己的仪容仪表，时刻约束自身的行为；在体育馆的走廊门口或者场馆内部比较明显的地方可以悬挂名人名言或者体育格言、体育标语，这样可以激发学生对体育教学活动的兴趣，拓宽学生的体育视野，可以让学生更加主动地参与到体育活动中。在体育教学环境调控的过程中发挥环境建设中强势因素的积极作用需要灵活地参考实际体育活动的具体情况，不能将这一原理生搬硬套地应用在体育活动中，如果不结合实际情况具体分析，那么这一方法是很难发挥真正作用的，体育教学环境调控也难以获得理想的效果。

（3）体育教学环境中师生的主体性。对教学环境的调控来讲，教师具有的作用是至关重要的，教师本身就是教育者，本身负责的就是体育教学过程的调控，所以，应该在环境调控方面发挥积极作用。但是，只强调教师的作用是不够的，还应该发挥环境调控当中学生的主体作用，学生是体育学习的真正主人，也是体育教学当中的重要参与者，教师创造良好的体育教学环境也是为了让学生更好地参与体育活动，获得更好的学习效果。如果学生能积极地参与体育教学环境调控，那么学生会把自己当成体育学习的真正主人，会自觉地维护体育设施、遵守教学秩序、约束自己的行为。所以，教师需要激发学生参与教学环境调控的积极性、主动性，让他们感受到自己在教学环境调控中的责任和义务，这样教师建设出来的体育教学环境才能真正得到长久稳定的维护，也只有这样建设出来的体育教学环境才能慢慢地优化、慢慢地完善，变得越来越和谐、越来越优美。

体育教学需要在开放的环境中开展，它受到来自教学环境的影响也更为直接、更为明显，在当下的社会中，学校进行体育改革时需要重点关注教学环境的改革，因为教学环境能直接地展现一个学校在体育方面的教育特色。除此之外，教学环境的良好建设也有助于体育教学的持续开展。

（二）体育教学环境的多维优化

1. 自然环境

（1）自然环境对体育教学的影响。自然环境包含很多的因素，比如空气、阳光、水、树木、花朵、雷电、雨水、风雪等，这些自然因素都会影响体育活动的开展。举例来说，如果空气中有很多灰尘烟雾，那么就会刺激人的鼻子、咽喉，刺激人的眼睛，在这样的情况下就可能引发咽炎、哮喘或者急性支气管炎。除此之外，人体处于保持安静状态下每小时会产生20多升的二氧化碳，但是，如果人体处于运动状态，二氧化碳的产生量就会增加，产出的二氧化碳以及运动过程当中排出的其他气体都会污染周围的气体环境。而且，一个教室当中如果有很多学生共同上课，那么一定会出现一些灰尘。基于此，教师应该保持空气的正常流通，如果运动场所是相对封闭的，而且室内环境温度相对较高，那么学生在运动过程中就可能感觉到非常的疲劳，心跳加快，很难在体育运动中坚持过长时间，这会导致学生对体育活动失去兴趣，不利于体育教学活动的开展。

学生在参与体育教学活动时，外在环境中的气压和温度变化会对他们的心理和生理状态产生影响。通常情况下，体育教师会选择在 10：00 之后进行体育教学。然而，如果运动环境温度较高，学生可能会感受到强烈的紫外线照射，导致心率和呼吸加快，口干舌燥，无法集中注意力，容易出现身体疲劳。如果学生无法适应这种热量变化，可能出现中暑和热痉挛的情况。相反，如果环境温度较低，学生会选择穿厚重的衣物参与运动，虽然可以保暖，但会影响体育锻炼活动的进行，同时寒冷的环境也会导致肢体关节僵硬，难以展现出良好的弹性和延展性，增加身体疲劳和受伤的风险。除了温度，气压的变化也会对运动过程产生影响，高气压会增加心脏负担，降低集体活动的效率。当外部环境存在大量沙尘和强风时，可能刺激学生的喉咙，容易引发咳嗽或咽喉不适。在南方地区，梅雨季节也可能对体育教学活动产生不利影响。

在上述所描述的情境中进行体育运动时，学生会面临分散注意力和判断不准确等问题，从而导致其对体育学习的兴趣降低，进而对体育教学活动的展开产生不利影响。

（2）优化体育教学中的自然环境。一般情况下，所在的地理位置不同，那么面临的自然环境也会有所差异，自然环境对教学产生的影响也就不同。学校可以积极利用自然环境的优势，以此来弥补自然环境当中的不足之处，进而为学生提供更好的教学环境。学校在对自身的自然环境进行分析和考量的过程中，要快速找到自然环境具有的优势。举例来说，北方地区在冬季有很大的降雪量，所以，可以更多地开展与冰雪有关的运动；山区学校周围的场地是非常多样化的，所以，可以为学生开设更多的越野活动或者登山活动；海边城市可以为学生开设更多的水上运动项目。

要想为学生提供更好的体育教学环境，那么学校要致力于构建室内体育场馆或者风雨操场，这样才能避免恶劣环境对体育教学活动的影响。不仅如此，还应该在场地周围建设更多的绿植草地，这样可以让运动场地的空气质量得到明显的改善，还能为学生遮挡阳光，降低环境的噪声污染，而且绿色健康的环境也会让师生的教学活动更加愉悦。

体育教学过程当中可以选择的教学方法或者教学内容是很多的，教师可以根据自然环境灵活地为学生选择适合的运动方式。教师选择具体活动时要避免学生活动的开展在极限环境当中进行，要注意培养学生对体育运动的兴趣。

2. 场地环境

体育教学活动的开展离不开体育教学设施，体育教学环境的设计也要考虑到教学设施。教学设施包括参与教学的教师、使用的运动器材、活动开展的操场或者体育场馆等，这些设施会直接影响教学活动，并且会影响教学活动最终获得的教学效果。不同的学生对教学设施的外观特征会有不一样的想法或者感觉，举例来说，体育场馆内部的灯光设计、颜色设计、设置安排会影响学生的感官，也会影响教学效果。

（1）合理布置场地设施的体育器材。合理配置教学设施可以让学生的身体和心理得到更好的发展，也可以让教学取得更好的教学效果，也能让学生对体育运动投入更多的精力。举例来说，在进行体育活动时，学生会看到体育场地的各种器材，如果体育场地的环境是非常整洁、干净的，那么学生也会想要快点儿加入体育活动。但是，如果场地是比较杂乱的，而且设施是比较脏的，那么学生可能就会抗拒参与体育活动。

除此之外，在体育器材投入使用之后会产生一定的磨损或者是老化，有一些需要螺丝连接的体育器材也可能出现螺丝松动，这会对体育活动的开展产生一定的安全威胁，所以，需要注重运动设备的维护，要经常检查运动场地是否有安全隐患。同时，还要对发现的老化器材或者磨损器材进行定期保养，只有教师做到了日常检查、日常维护，学生参与体育活动的安全才有保障。

（2）完善场地设施环境的其他条件。学校除了提供更加优质的场地条件之外，还要考虑到场地中的采光设置、照明设置以及声音设置。通常情况下，体育课的开展需要依赖室内场馆，所以，室内场馆的照明设计、采光设计或者声音设计都会影响教学活动的效果。如果场馆内部光线比较暗，那么学生很难看到老师写在黑板上的体育知识，这会直接影响学生知识的吸收和理解，进而会影响体育学习的效果。如果场馆内部的光线非常强烈，那么就可能会导致反光现象的出现，这会导致学生运动过程中视力受到影响，最终的教学效果也没有办法提升。

除此之外，场馆应该为学生提供安静的学习环境，避免噪声的影响，这样学生才能集中注意力，才能在最大限度上避免噪声对其集中注意力产生的不良影响。如果学生的注意力频频没有办法集中，那么就容易产生运动疲劳，而且情绪波动也会更大，难以稳定地开展体育活动，有的时候甚至会攻击他人。如果是在室外开展体育活动，那么噪声的影响是一定存在的，学校应该想其他方法尽量为体育教学活动的场地提供更为安静的环境。

（3）搭建体育场地设施的色调环境。体育教学环境的色调也会对教学结果产生一定的影响。一般情况下，色彩会影响学生的心理状态、情感状态，如果色彩是红色或者深黄色，那么学生更容易处于激动状态；如果是绿色或者蓝色，学生可能会感觉很轻松。相比之下，暖色调更容易激发学生的兴趣。举例来说，在双杠运动中学生更喜欢红色的双杠，而不喜欢木质的双杠。体育设施本身设定的颜色以及学生体育运动服装的颜色也会对教学效果产生影响，如果班级着装比较统一，那么班级学生在体育活动当中的凝聚力就比较强。

3. 人文环境

（1）组织环境的构成。这里的组织环境指的是学校风气、班级风气、学习风气，这样的组织环境直接影响体育教学活动的开展，分析组织环境的时候可以把学校看成社会组织群体，学校内部设置的班级属于次级群体，所有的群体都可以在学校这个大的社会组织当中展现自己的心理活动，展现自己的精神面貌。

校风代表的是一个学校的精神风气，它会从心理角度对学生、教师产生作用，也就是说，其作用的发挥是隐性的。校风是学校内部师生共同努力之后形成的集体性行为，需要学校中的学生、教师以及其他人员共同努力。校风是看不见的、摸不到的，但它又通过环境的方式影响学生、作用于体育活动的开展。

如果校园内充满了温馨的气氛、文明的气氛、积极的气氛，那么学生的成长也会受到积极的、正向的影响，学生会养成良好的学习习惯，正确的价值观念。也就是说，建设出优秀的校风之后学生无论是成绩提升还是个人成长都会得到有效助益。而且，在持续的校园氛围的影响下，师生的日常生活也会发生一定的改变，会形成更好的学习习惯、工作习惯。而且学校也可以通过良好的校园氛围的作用更好地进行校园建设，一个学校良好的体育校风除了影响师生的习惯之外，还能影响他们的思想意识发展，更有利于学生自主锻炼，养成积极的正确的体育习惯。

班风指的是一个班级中成员在长期交流、长期共同生活的情况下产生的能代表整个班级的心理倾向。班风可以凝聚整个班级的力量，班级成员会把班级目标当作自己发展的任务，会为了班级目标的达成而努力。如果班风是优秀的、良好的，学生也会更愿意进行交流探讨，在优秀班风的指导下，学生可以形成正确的人生观念，这样的班风也有助于学校或者班级开展各种各样的活动。通常情况下，良好的班风包括勤劳刻苦的学习精神，热爱劳动的奉献精神，关心同学乐于助人的团结精神、友爱精神等。

一个学校的体育教风会影响到学生体育能力的形成，也会影响到学生体育意识的建立，教师可以使用陶冶、启发、感化或者暗示这样的教育机制，让教风慢慢地引导学生形成良好的体育意识，慢慢地培养学生的体育能力。

集体舆论可以对一个学校学风的形成产生积极的引导作用，但是，如果集体中存在不健康的风气，那么学生也会受到这种风气的影响，致使学习注意力不集中，学习意识难以形成，没有办法培养其对体育活动开展的积极性，这不仅会导致体育教学效果降低，而且学生也很难在课后严格要求自己进行体育锻炼。

（2）体育组织环境的创设。班级规模会直接影响到整个班级中学生的成绩，具体来讲，班级规模和成绩之间是反比例的关系。如果班级规模比较大，那么一般情况下学生的学习成绩就会比较低；如果班级规模比较小，那么一般情况下学生会有较好的学习成绩。除此之外，班级规模还会影响到学生创造力的培养、兴趣的激发、动机的养成，因此，想要从根本上保证学生的学习效率，那么应该在一定程度上降低班级规模。

灵活地编排组合队形模式。在体育课堂教学过程当中，无论是教师还是学生，都会受到来自队列编排角度产生的影响。举例来说，在信息交流过程中，队形编排就会影响到体育教学信息交流的具体范围，也会影响到体育教学信息的交流方式。在室外体育课的时候，教师通常会使用横排队形，这可以让教师和学生面对面地交流，也有利于教师向学生传递更多的体育教学知识、教学信息，这种信息传递模式是单向的。在此基础上还有双向的信息传递模式，这种模式虽然可以让师生之间很好地交流信息，但却不利于学生之间的信息交流、信息沟通。

（3）大学体育文化。在社会经济水平不断提升、社会文明不断进步的情况下，文化得以形成，并且不断完善，文化代表一个民族的文明发展，校园体育文化也是一样的，它代表校园体育的发展。我国目前还处于快速发展时期，网络的快速普及、生产力的快速提高都使人们的生活方式、思想观念发生了转变。在这样的情况下，文化也得到了迅速的发展，但是，文化在带来好处的同时也带来了一定的冲击，它对人们的生活产生了积极正确的影响，也产生了一些消极或者负面的影响。

大学想要改变校园体育文化环境，那么必须在学校内树立正确的体育思想意识，学校的所有领导人员、教师工作者也要以身作则，发挥带头作用，引导学生养成正确的体育文化思想，摒弃那些不正确的负面的文化信息。校园体育文化本身是非常开放、非常包容的系统，举例来说，在国际体育比赛过程当中，如果选手能取得非常优秀的成绩，那么体育教学也会受到积极的刺激，在体育竞技产生的积极影响下，大学也开始注重学生在体育方面的素质培养，在教学计划中加入了和健身有关的课程。除此之外，学校也开始注重培养学生的体育素养，让学生养成正确的体育思想意识，让学生了解更多的体育知识、体育资讯，可以说这为校园体育文化优秀氛围的构建打下了坚实的基础。

（4）课堂气氛。体育课程气氛也可以被叫作体育心理气氛，它指的是学生在体育课堂中反映出来的情绪。课堂气氛的产生受到师生互动的影响，师生互动的情况会导致学生情感出现波动。学生情感变化也会影响最终的学习效果。虽然体育教学没有把心理气氛当作重要内容，但是，它却极大地影响了体育教学效果。

影响课堂气氛的因素比较多，比如说师生之间的关系影响、课堂环境影响以及学生自身的情绪波动产生的影响等，这些因素共同作用之后就形成了体育课堂气氛。所以，想要构建出优秀的课堂气氛，那么体育教师和学生都要努力。气氛构造过程中教师是主导，教师可以对课程知识的学习速度、学习数量进行把控。教师应该从学生角度出发为学生构建适合他们的学习氛围，激发他们对体育学习的主动性、积极性，然后以学生学习伙伴的方式引导学生、鼓励学生，让他们提出对课堂的不同想法，然后参考学生的反馈意见对接下来的体育教学计划进行调整。教师也应该设置自由讨论环节，尊重学生的意见表达，让学生自主进行结果的探讨，让学生感觉课堂学习是自由的。

除此之外，课堂也应该充满灵活性，教师应该鼓励学生积极发言，这样课堂气氛就会被调动，与此同时，教师要注意上课过程中情绪的控制。情绪控制包括教师个人的情绪控制以及学生的情绪控制，只有情绪在合理的范围内波动，课堂气氛才能是和谐、融洽的。教师对学生的信任和鼓励会让学生更有自信，让学生更相信教师，更积极地参与课堂活动。相反，如果教师没有获得学生的信任，经常打击学生，学生就会对教师产生抵触情感，不愿意参与教师的课堂，一旦学生产生了这样的心理，那么无论教师多么努力，多么富有激情，学生也不会受到感染，课堂气氛也不会被调动。

（5）人际关系。人际关系指的是师生关系、学生之间的人际关系以及教师之间的人际关系等，这些复杂的人际关系共同作用就形成了体育教学人际环境，人际环境会影响到校园当中的师生，也就会进一步影响体育教学获得的教学效果。所以，体育教学需要注重人际关系的处理，处理好人际关系之后，师生都能以轻松愉悦的心情去参与教学，这样教学质量也能得到更好的保障。

学生之间的人际关系也会影响到体育教学工作的开展，不同的学生个体成长环境不同、兴趣爱好不同、知识水平不同，这些差异必然会导致他们之间的交往体现出一定的复杂性。

分析当下大学当中的人际关系可以发现，师生之间的人际关系是非常重要的一种，它会对学生心理产生直接影响或者重要影响，基于这一关系的重要性，大学应该要求教师注重自身品德素质的提升，注重自身情绪的稳定，这样才能为体育教学创造出更优秀的氛围，才能为教学效果的提升做出更好的保障。

第二节　大学体育教学原则分析

一、合理安排身体活动量

"高校体育教学的开展与大学生体育锻炼习惯的养成紧密相关，良好的运动习惯与运动规律有助于促进学生身体健康,实现全面化发展。"① 体育教学的特点在于注重身体活动或称为身体运动。因此,在体育教学中,为了满足锻炼身体和掌握体育技能的需求,必须有效而合理地安排学生承受的运动负荷。这就是在体育教学中合理调控身体活动量的原则。

合理安排身体活动量原则是依据体育教学的本质特点和体育教学的运动负荷规律提出来的。一般来讲,运动负荷就是学生做练习时身体所承受的生理负荷量,它由运动强度和运动量构成。运动强度就是单位时间内身体所承受的量的大小,运动量就是运动的内容、数量、时间等。在体育教学中,合理地安排身体活动量,使学生都能达到适宜的生理负荷量,才能在锻炼中取得良好的锻炼效果。

一堂体育课的合理的身体活动量的安排是为实现课程教学目标而确定的,也就是要根据课程目标、课程类型来安排不同的运动负荷。

体育教学过程中,参与学习锻炼的学生存在个体差异,学生的体质不同、性别不同,具体到身体形态、身体功能、身体素质也不同。因此,一定要根据不同学生的特点安排运动负荷。

运动负荷由运动强度和运动量构成,要使体育教学过程中学生的身体活动量适宜,就必须根据课程目标、教学内容、教学进度、教学设计等来调整运动负荷。调整方法无外乎调整运动强度或调整运动量两个方面。一般而言,强度大、量就小,反之强度小、量就大,这是一般的体育教学运动负荷调整原则。在体育教学中一般对运动量进行调整,即调整练习的内容、练习的时间或练习的数量即可达到适宜的要求。

二、注重体验运动乐趣

第一,正确对待和处理运动中的乐趣。每个体育运动项目都具有其独特的固有乐趣,这些乐趣源于项目的运动特性和比赛特征。在教学过程中,教师应该正确对待和充分发掘这些乐趣。但是,对这些乐趣不能盲目地追求,而应该从教学目标和教学手段两个层面去汲取对教学过程有用的、有积极意义和价值的乐趣。

第二,乐趣的基础是通过成功的体验而获得。在体育教学过程中,教师需要注意在选择教学方法和内容时认真思考,以确保大多数学生都有机会体验成功,而不是遭遇挫折。

第三,处理好体验乐趣与掌握运动技能之间的关系。掌握运动技能和提高身体素质是体育教学的主要目标。在体育教学中,教师不能只追求趣味性而忽视对运动技能的教学,从而影响教学质量。在体育教学中,既要确保学生掌握运动技能,又要让他们体验到运动

---

①梅冠东.健康中国视域下高校大学生体育锻炼习惯养成路径研究 [J].拳击与格斗,2023 (5):60.

的乐趣。这样，学生才能在体育教学中享受到体育锻炼和学习的乐趣，将二者有机地结合起来。因此，在体育教学中，应将注重教学意义且具有趣味性的内容作为重点，同时，对那些教学意义强但趣味性较差的内容，教师可以通过努力赋予其趣味性，使教学过程更有趣味性。

第四，开发多种易于学生体验乐趣的教学资源。教学资源的开发与利用对学生体验运动乐趣非常重要。教学内容的调整、练习条件的变化、场地器材的改变等都能给学生带来运动乐趣的体验，这需要教师认真地根据学校现有的各种条件进行挖掘与整合。

第五，体验成功不忘挫折、体验乐趣不忘磨炼。磨炼与挫折往往伴随着成功，所有的成功必须经过磨炼与挫折、失败才能得到，这是一条普遍的规律。在体育教学中教师要让学生经历这些磨炼与挫折，但要把握好一定的度，以不挫伤学生学习的积极性为限。

三、促进运动技能不断提高

促进学生不断提高运动技能的原则是体育教学中的核心，旨在提升学生的运动水平和成绩，以实现有效的体育教学。该原则建立在较好地掌握运动技能的基础上，符合参与终身体育的规律和体育教学条件下运动技能的发展规律。持续提升学生的运动技能是体育教学的基本要求，也是评判体育教学有效性和质量的标准，同时也是评估体育教师教学能力的重要依据。

第一，对体育学习来说，正确理解运动技能提高的重要意义至关重要。掌握运动技能不仅是体育学科教学的核心任务，也是解决体育学科难题的重要基础。掌握运动技能对学生身体锻炼、培养运动素质、体验运动乐趣和掌握体育锻炼方法都具有重要的前提作用。体育教师应充分认识到在体育学习中提高运动技能的重要性，并且要认真开展运动技能教学工作。

第二，明确学习运动技能的目的，并逐步掌握不同层次的技能。学生在掌握运动技能和提高水平时与专业运动员有所不同，其主要目的是娱乐和健身。因此，在体育教学中，传授运动技能应树立"健康第一"和为学生终身体育服务的理念。教师应以不同的运动技能提高目标为基础，包括"较好地掌握1~2项常用的运动技能""初步掌握多项可能参与的运动技能""掌握基本作为锻炼身体方法的运动"和"体验一些运动项目"。在教学中，要有层次和分类地帮助学生掌握他们在终身体育中所需的各种运动技能。

第三，深入研究学科理论和教学方法，以提升教学质量。为了使学生很好地掌握运动技能，教师必须了解运动技能掌握的规律，尤其是在体育教学条件下的运动技能掌握规律。相对于运动员的训练和学生自由运动的条件，体育教学面临着时间有限、学生众多、教学场地和器材有限等挑战。因此，教师需要研究体育教学中提高技能的途径和规律。这就是对学科理论的研究以及基于理论规律的教学方法研究，这些研究的成果是制定科学的体育课程和提高体育教学质量的前提和保证。

第四，为了学生能有效掌握运动技能，教师需要创造适宜的学习环境和条件。这包括教师的运动技能水平和教学技巧，以及场地设备的设置和教学环境的优化。同时，学生之间的集体组织和相互交流、评价也是必要的因素。

第三节 大学体育教学方法与创新

体育教学方法是指在体育教学过程中，教师和学生为达到预定的体育教学目标、完成教学任务而采取的有效活动的行为方式的总称。

一、以语言传递信息为主的教学方法

（一）讲解法

讲解法是体育教学中的一种主要教学方法，教师通过简明而生动的口头语言，系统地向学生传授体育知识和运动技能。它利用逻辑分析、论证以及生动的描绘和陈述等手法，对体育的概念和原理进行分析、解释或论证，以帮助学生在相对较短的时间内全面而系统地掌握知识。

优秀的讲解方法不仅能清晰地传授知识，还能将知识学习、思想培养、智力发展和情操陶冶有机地结合起来，使教学成为一门艺术。

尽管讲解法在体育教学中非常重要，但由于体育教学的特点，我们不能过分依赖讲解，以免出现过多的口头讲解。体育教学注重实践，因此在教学过程中应注重练习和实践，通过精练的实践来提高学生的能力，而不仅仅依靠口头讲解。然而，仅仅进行练习而不进行讲解也是不可取的，因为学生需要理解和掌握知识，教师需要具备高水平的讲解能力，以实现学生既理解又掌握的教学目标。因此，在体育教学中，准确而生动的讲解是高水平教学的重要体现。

（二）问答法

问答法，又称谈话法，是一种通过教师和学生之间口头语言的互动来促进学习的教学方法。在这种方法中，教师提出问题，要求学生积极回答，以获取新的知识。

问答法具有多个优点：首先，它能激发学生的思维活动，促使他们主动思考问题。这种主动性培养了学生的思考能力和语言表达能力；其次，问答法能唤起和保持学生的注意力和兴趣，使他们更加专注于学习过程。

由于体育教学的特点，体育教学中的问答与文化课课堂中的问答在形式上存在一些不同。首先，体育教学中的问答通常采用简洁明了的语言，不会有过长的讨论时间；其次，体育教学中的问答通常与练习的思考相结合。这意味着问答活动会分散在练习和讲解的过程中，但在课堂开始和结束时尤为重要。

因此，为了更加准确地描述体育教学中的问答法，需要强调其特点。这包括语言简洁明了，与练习和讲解紧密结合，并且在课堂开始和结束时具有重要作用。

（三）讨论法

讨论法是一种体育教学方法，通过学生以小组或全班为单位，围绕教材中心问题进行讨论或辩论活动，以获得体育知识或辅助运动技能学习。这种方法的特点在于促进全体学生积极参与学习，培养他们的合作精神和参与集体思考的能力。此外，讨论法还能激发学生的学习兴趣，提高学习情绪。

然而，在体育教学中，要让全体学生都参与讨论是具有挑战性和低效的。因此，通常会将讨论法与小群体教学法相结合，以更好地实施。在日本的体育教学中，对小群体教学法中的讨论方法进行了广泛研究和开发，并取得了很多优秀成果。这些研究成果使小组讨论法在体育教学中得到更好的应用和推广。

二、以直接感知为主的教学方法

（一）动作示范法

动作示范法是一种体育教学方法，其中教师（或由教师指定的学生）通过自身完成动作作为范例，以帮助学生理解动作的形象、结构、顺序和要领。动作示范法的特点是简单、灵活，能提供强烈的真实感和直观性，因此在体育教学中是最常用的直观方法之一。它在让学生了解所学动作的外观、顺序、技术要点以及理解动作特征方面发挥着独特的作用。通过展示轻快优美的动作示范，可以激发学生学习的兴趣，并增强学生学习时的自信心。

1. 动作示范法的要素

（1）示范面。针对运动动作的多样性，动作示范必须考虑到"示范面"的问题。示范面指的是学生观察示范时的视角，包括正面、背面、侧面和镜面示范。

正面示范：教师与学生面对面进行的示范被称为正面示范。正面示范有助于展示教师正面动作的要领。例如，球类运动中的持球动作通常采用正面示范。

背面示范：教师背向学生进行的示范被称为背面示范。背面示范适用于展示教师背面动作、左右移动的动作，以及动作方向和路线变化较为复杂的情况。例如，武术套路教学常采用背面示范。

侧面示范：教师侧身进行的示范被称为侧面示范。侧面示范有利于展示动作的侧面和前后方向完成的动作，如跑步时的臂部摆动和腿部后蹬动作。

镜面示范：教师面向学生进行的示范与学生在同一方向进行的示范被称为镜面示范。镜面示范的特点是学生和教师的动作相对应，适用于简单动作的教学。这样可以方便教师领做，学生模仿。例如，在进行徒手操时，当学生完成左脚左移半步的动作时，教师的示范动作与学生的动作相对应，即右脚右移半步成开立。

通过灵活运用不同的示范面，教师可以更好地展示和教授各种运动动作，帮助学生理解和模仿，提高教学效果。

（2）示范速度。为了帮助学生建立准确完整的动作形象，教师在示范过程中应根据情况运用不同的速度。通常情况下，可以使用正常的速度进行示范，以展示整个动作的流畅性和连贯性。然而，为了突出显示动作结构中的某些关键环节或要点，教师应采用慢速示范。

（3）观察距离。应根据完成动作示范的活动范围、学生人数和安全需要等恰当地选择学生观察动作示范的距离。

（4）观察视线。为了更好地观察动作示范，学生的视线与动作示范面越接近垂直越有利。通常情况下，学生以横队形式观察示范动作，但靠近横队两端的学生视角与垂直角度较大。因此，为了确保观察效果，学生观察示范动作时的队形不应过宽。当学生人数较多时，可采取一些措施来满足观察需求：首先，让学生排成若干排横队或形成半圆形队形，以便观看示范动作。这样能使学生的视线更接近垂直，便于观察动作的细节。其次，需要避免横队前列的学生挡住后列学生的视线。教师可以通过适当调整学生的位置或使用提高高度的讲台等方式来解决这个问题。通过合理组织学生的队形，可以确保每位学生都能获得良好的观察角度，更好地理解和模仿动作示范，从而有助于提高学生的学习效果和动作表现。

（5）视线干扰。应注意让学生背向或侧向阳光、风向，以避免视线干扰，有利观察。

（6）多媒体配合。示范应与讲解、学生思维等紧密结合，争取取得最好的动作示范效果。

2. 运用动作示范法的要求

（1）动作示范需要明确目的，针对体育教学的实际需求进行区分，可以分为以下三种示范类型。

第一，认知示范，旨在让学生了解要学习的动作是什么。认知示范的重点在于帮助学生建立动作的整体形象，形成初步的概念。在进行这种示范时，应准确、朴实地展示，引导学生关注整体，而不过于纠结细节。

第二，学法示范，旨在告诉学生如何学习该动作。学法示范的重点在于让学生了解动作完成的顺序、要领、关键点和难点等。在进行这种示范时，应引导学生注意关键的动作环节和重点部分。

第三，错误示范，旨在展示学生错误动作的示范。错误示范的重点在于让学生认识到自己动作中存在的错误的外部特征。在进行这种示范时，既要突出错误的特征，又不能夸张。对这种动作示范，要求与学法示范大致相同，应注意突出要纠正的错误所在。

（2）示范动作需要正确且美观。正确指示范应严格按照动作技术规范完成，以确保学生建立正确的动作表象。美观指示范动作应生动吸引人，以激发学生学习和练习的兴趣，消除不必要的畏难情绪。正确的示范有助于学生理解和模仿正确的动作技巧，而美观的示范则能够吸引学生的注意力，使学习过程更加愉悦和积极。

（二）演示法

演示法是一种在体育教学中广泛采用的教学方法，通过展示实物和直观教具，让学生通过观察获得感性认识，并引发他们相应的模仿行为。尽管对某些示范有一定难度，但在体育教学中，特别是对运动表象记忆非常重要的情况下，演示法是一种不可或缺的教学方法。与讲授法、谈话法等其他教学方法结合使用时，可以取得良好的教学效果。

在中国的体育教学中，常见的演示手段包括可活动的人体模型、战术板、图片和图画等小道具，偶尔还会使用幻灯片、电影、录像片和多媒体课件等工具。由于体育技能学习具有动作快速、难以自我观察等特点，演示法作为一种重要的教学方法与示范法一样至关重要，需要得到大力开发和应用。演示法不仅能将理论与实际相结合，为学生提供丰富的感性材料，而且还能激发学生的学习兴趣，提高体育学习的效果。

第四节 大学体育教学设计及要求

一、大学体育教学设计的要求

体育教学设计的根本目的是贯彻体育与健康课程的新理念，在实践中提高体育教学质量，优化教学过程，提高教学效率，并实现各级别体育与健康课程目标。为了达到这个目的，体育教学设计需要符合以下四项要求。

第一，提高学生的综合素质。体育教学应致力于提高学生的综合素质，遵循基础教育课程新理念，注重学生的科学文化素质、生理心理素质和思想品德素质的提高。体育教学设计应为促进学生综合素质的发展提供服务。

第二，推动体育教学改革。传统的体育教学偏重基本技能培养，忽视了学生良好的心理品质、思想道德品质和体育行为能力的培养，存在片面追求升学率和应试教育的问题。在体育教学设计中，要改变这种现状，以改革精神引领体育教学设计。更新教学内容，改善课程结构，加强与社会和生活的联系，加强学科之间的联系和综合能力培养。改进教学组织形式，革新教学方法，探索有效的教学结构和模式，运用现代化教学手段，创造性地将先进的教学理论应用于体育教学设计实践中。

第三，紧扣体育教学实际。在应用和贯彻教学理论时，体育教学设计要注重理论与实践的协调和和谐。在设计教学前，除了学习和掌握教学理论外，还要认真研究教学的实际条件，了解学生的学习准备状况，包括他们的知识技能基础、情感和动机水平、认知风格特点等，准确把握教学的起点、潜能和可能性。设计和分析教学目标、教学任务和教学内容，应用适当的教学方法、策略和手段，并根据实际情况巧妙地构思个性化的教学方案。

第四，便于使用和推广。为了使教学设计在改进体育教学、提高教学质量方面发挥更大作用，教学设计的方案应具备可操作性。建立合理的解决思路和方法，能为其他教师提供参考和借鉴。同时，教学设计成果的呈现应简明扼要、提纲挈领，留有机动应变和创造的余地。通过积极宣传和推广，促进体育教学设计的应用和交流。

二、大学体育教学设计的特征

(一) 体育教学设计的超前性

体育教学设计是在体育教学开展之前，事先对体育教学所做出的一种安排或策划。也就是说，体育教学设计在前，体育教学实施在后。体育教学设计事实上是对即将进行的体育教学中可能产生的问题进行分析，根据体育教育、教学理论和学生的学习需求，针对可能发生的问题提出解决方法的一种构想。它虽然考虑了影响解决新问题的各种因素，但设计还没有实施，无法落实解决新问题的方法，只是设想或预测相关问题的解决方法。

（二）体育教学设计的差距性

体育教学设计是以体育与健康课程理念和要求为导向而预设的一种教学实施方案，在实际的体育教学实施过程中会出现许多难以预测的情况。体育教学设计者对体育教学中可能出现的问题的理解、现有条件的分析、所采取的解决问题的方法等都具有较大差异性。因此，体育教学方案总会与体育教学实践活动有一定的差距，实施体育教学的过程还需要对方案进行适当的调整和生成。

（三）体育教学设计的创造性

体育教学设计的过程应该是一个创造性地解决教学问题的过程。体育教学设计认为体育教学的这种富于变化、能动的特性并不是一件麻烦事；相反承认它是体育教学的本质，认为在复杂性和不确定性之中可以找到创造的源泉。同时，体育教学本身也是发展学生创造能力的过程。学生创新精神的培养，也需要在能培养创新精神的教学活动中进行，或者说，应该在创造性学习中培养创新精神。

三、大学体育教学设计的价值

第一，体育教学设计明确了体育教学是一个由诸多要素构成的系统。

第二，体育教学设计具有桥梁性作用。

第三，体育教学设计为教师提供了教学设计的程序和方法。

第四，体育教学设计把教师从经验型、随意型转变为科学型，把教师培养成为合格的教学设计者。

第五，体育教学设计有助于教师发现体育教学中存在的问题，积极思考和探索解决问题的思路和办法，使设计的教学方案更具有实效性、针对性。

第六，体育教学设计要考虑体育教学系统的根本目的在于促进学生的学，学生是学习的主体，教师的主导作用要为学生学好服务。

四、大学体育教学设计的原则

为了体现体育教学设计的特点，满足体育教学实践的要求，在教学设计中应注意贯彻下列六项原则。

第一，目标导向原则是体育教学设计的重要原则。它要求教学设计紧密围绕体育教学目标展开，所有教学环节和活动都应以目标为导向。体育教学计划必须确保教学行为与目标高度一致，为实现目标提供支持。体育教学的本质在于教师帮助学生从现有状态（学生目前的实际情况）达到目标状态（学生学习后的成果）。体育教学设计的目的是制定科学、合理的教学实施方案，高效地帮助学生实现这种状态转变。

第二，整体优化原则是指在体育教学设计中，通过优化各个因素的设计，处理好体育教学系统内部各子系统之间的关系。它要求科学地组合各因素，充分发挥体育教学的整体功能，以达到最优的教学效果。在进行体育教学设计时，应从整体优化的目标出发，将体育教学系统的每个要素和环节纳入系统的整体设计中，以协同实现体育教学设计的最优化功能。

第三，程序性原则要求在体育教学设计中，根据学生的现实状态，遵循体育教学规律，有序地编排教学内容并灵活运用教学策略。体育教学设计是体育教师专业素养、教学思想和教学经验的具体体现。因此，在教学设计中，体育学习程序的编排应有利于学生对新的体育学习内容的理解和适应，有利于学习的内化，有利于动作技能的良性迁移，有利于促进学生形成正确的行为。

第四，可操作性原则要求体育教学计划在具体实施过程中具备便捷、实用、高效的特点。体育教学设计应以先进、可靠的理论和感性经验为基础，制定可实施的操作步骤和方案。在设计方案时，要充分考虑各种主客体条件，如师资水平、学生准备状态、教学设备、技术、经济和管理等条件，选择简单、方便、节省时间、投入少、应用范围广、适应性强、具有推广价值且易于推广的最佳方案，以实现设计方案的实效性。

第五，灵活性原则要求体育教学设计根据不同的目标、教材、课型、学生和教学条件进行不同的设计。努力使特定情况下的体育教学各环节达到最合理的匹配。体育教学设计应充分考虑教学系统的开放性和动态性特点以及可变因素。设计方案应具有较大的可调控空间，以适应在具体实施过程中的改进和修正。

第六，创新性原则是指在体育教学设计中对常规或传统体育教学进行修正、超越和发展。创新能有效挖掘教学资源潜力，提高教学效率，实现低耗高效的体育教学。它还为学生的创新意识和创造能力的发展创造了氛围和设计空间。

综合以上体育教学设计原则，可以提出一个基本的体育教学设计程序，该程序以体育教学设计过程的一般模式为基本框架，体现了体育教学设计的基本结构和要素。在实际操作中，教师需要注意各个阶段之间的衔接和相互作用，充分发挥各个要素对体育教学设计整体功能的作用。

第三章 大学体育管理实践

第一节 管理与大学体育管理基础

一、管理

（一）管理的界定

管理是人类历史上极为重要的社会实践活动。管理活动是指运用各种管理手段和管理方法，协调各种资源，以实现组织目标为导向的一种活动，其核心内涵包括规划、组织、领导、控制和协调等方面。具体而言，规划是指对组织未来发展方向的明确和计划；组织是指将各种资源合理地配置和运转，实现组织目标；领导是指对组织管理工作进行指导和管理；控制是指对组织各个方面的工作进行监督和控制，使其符合预期目标；协调则是指调节整个组织内部和外部的各种关系和利益，使组织能更加顺利地运转和发展。管理活动的内涵涵盖了各个方面，需要全面考虑和实际运用，以达到高效的管理效果。

（二）管理的特征

大学体育管理的产生是随着我国高等教育事业的迅速发展、管理科学以及科学技术的发展而逐步形成的。研究大学体育管理在于寻求大学体育实践的客观规律，加快大学体育改革的步伐，以便更好地实现人才培养目标，保证我国高等教育又快又好地健康发展。管理的特点主要包括以下五个方面。

1. 科学性特征

管理活动大致可以分成两大类：一是类常规性活动，是指有章可循、照章运作便可取得预想效果的管理活动；另一类是非常规性活动，指无章可循，需要边运作边探讨的管理活动。这两类活动虽然不同，但却是可以相互转化的，实际上，现实的程序性活动就是从以前非程序性活动转化而来的，这种转化的过程实际上是人们对这类活动规律性的科学总结，这就是管理的科学性。因此，任何管理模式都需要不断探索，都需要符合现实情况，没有一种管理模式是适用于所有情况的。

2. 艺术性特征

管理活动既是一门科学，又是一门艺术。这是由于管理对象的不同环境、不同状态等条件导致了对每一个具体管理对象的管理没有唯一的完全有章可循的模式，特别对那些非程序性的、全新的管理对象更是如此，这造成了具体管理活动的绩效与管理主体、管理技巧的发挥程度相关性很大。事实上，管理主体对这种管理技巧的运用与发挥，体现了管理主体设计和操作管理活动的艺术性。另外，由于在达成组织目标过程中可供选择的管理方式、手段多种多样，而在众多可选择的管理方式中选择一种合适的方法和手段，体现了管理者管理工作的艺术性、灵活性和实效性。

3. 动态性特征

管理的动态性主要表现在管理活动需要在变动的环境与组织本身的变化调整中进行，为实现组织的目标，需要不断消除管理过程中的各种不确定性。事实上，由于组织所处的客观环境与具体的工作环境不同，各个组织的目标与从事的行业不同，组织所具有的资源不同，从而导致了每个组织中管理过程的不同性，这种不同性在现实的管理之中就表现出一定的动态性。

4. 经济性特征

经济性亦即管理成本的节省性、最小化。管理是需要付出成本的，管理者总是试图以最小的代价获取最大的回报。这不仅反映在资源利用的成本上，而且反映在管理模式、管理方法的选择上。

5. 创造性特征

管理的艺术性特征实际上已经与管理的创造性紧密相关。管理既然是一种动态活动，既然对每一个具体的管理对象没有唯一的完全有章可循的模式可以参照，那么欲达到既定的组织目标，就需要有一定的创造性。管理是一种创造性的活动，因此成功和失败的存在是必定的。如果只是按照套路走程序就能取得成功的话，那么每个人都可以成为有效的管理者，这显然是不可能的。管理的创造性根植于动态性之中，又与科学性和艺术性相关，正是这一特性的存在，使管理创新成为一个人们永远追求的主题。

二、大学体育管理

(一) 大学体育管理的目标

我国大学体育的根本目标是增强学生体质，促进学生身心健康，培养学生的终身体育意识及能力，使其成为德、智、体、美、劳全面发展的社会主义事业建设人才。大学体育目标可以划分为一定的层次，在大学体育总目标下，根据各项体育工作的特点与要求，可以分解成下一个层次的目标，如体育教学目标、课外体育锻炼目标、课余运动训练目标、课余运动竞赛目标、科学研究目标等。大学体育目标的结构及层次反映出大学体育的目标体系，不同目标共同配合，实现大学体育的总目标。而通过对大学体育各项工作的管理，就可以逐步实现上述大学体育的不同目标。因此，进行大学体育管理，其重要目标及任务就在于通过各种管理职能，合理调控资源，发挥资源利用的最大价值，以保证各项大学体育目标的实现。

（二）大学体育管理的任务

我国大学体育管理的任务，主要如下。

第一，明确体育工作的指导思想和发展目标。

第二，建立健全各级高校体育管理机构，并制定全面的管理制度，明确相关机构和人员的管理职责。

第三，科学制定适应体育发展需求的各类计划和文件。

第四，有效组织和管理高校体育的各个方面和环节，确保活动的高效低耗，顺利实施。

第五，协调体育管理部门与内外各方面的关系，为体育工作提供必要的物质基础和良好的育人环境。

第六，定期和不定期进行检查评估，推动体育教学质量的不断提升和学生体质的持续增强。

这六点任务旨在确保体育工作符合国家政策和发展需求，促进学生身心健康和素质全面提升，从而更好地为社会和国家发展做出贡献。

（三）大学体育管理的体制

大学体育管理体制是高校体育的管理机构设置、权限划分和管理制度等的总称。建立与健全体育管理体制是保证政令畅通、充分发挥各方面积极性的重要措施，也是为高校体育提供组织保证的重要措施。我国高校体育管理体系作为学校管理体系的重要分支，可分为体育外部管理系统（政府行政部门、社会体育组织）和体育内部管理系统两个方面。

1. 大学体育外部管理系统

（1）各级教育行政部门。中华人民共和国教育部体育卫生与艺术教育司是全国各级各类学校体育工作的最高行政领导机构，负责领导、监督、检查体育工作，其具体职责是：制定体育总体发展规划和目标；制定体育工作的方针、政策及有关的规章制度、管理办法，督促检查贯彻落实情况；领导和组织全国学生运动会，组织参加世界性学生体育竞赛；组织体育发展战略研究，开展国际性体育学术交流等。各级教育行政部门均设有相应的体育管理机构，省、自治区、直辖市教育部门设有体育卫生与艺术教育处以对体育进行宏观管理。

（2）国家有关局、部、委及各级地方局、委主管学校体育管理的部门。国家体育总局群体司设有专门的学校体育管理部门，协同领导和组织全国学校体育教育工作。其他有关部委也设有专门管理大学体育工作的机构和人员。各级地方体育局、委也相应地设有学校体育工作的机构和人员，负责管理。

（3）社会体育组织。我国大学体育的社会组织是由学术研究团体和学生体育团体构成的。社会学术团体是中国教育学会学校体育研究会及中国体育科学学会学校体育专业委员会。前者属于教育部门的社会团体组织，后者属于体育部门的社会团体组织。各省、自治区、直辖市，地、市、县教育部门或体育部门一般也都设有相应的大学体育的研究组织。它们负责开展大学体育学术交流活动，组织有关大学体育现状及发展的重点科研课题的研究，普及和宣传大学体育工作，开展大学体育工作的调查研究，向教育、体育行政管理部门提供咨询材料及合理化建议，举办各种培训班及学习班，组织出版和推广有关学校体育的书刊及科学研究成果，开展大学体育国际学术交流活动等。

学生体育团体主要指全国大学生体育协会。全国各地也相应地建立了大学生体育协会，其基层组织是大学生体育协会或学生体育俱乐部。学生体育团体的任务是：组织全体学生参加体育锻炼，增强学生体质；选拔有条件的学生参加课余体育训练，发现和培养优秀的体育后备人才及优秀的体育人才。大学生体育协会还组织全国性大学生体育竞赛，进行高校课余体育训练工作的评估及培训；承接世界大学生体育协会有关比赛任务，参加世界性大学生体育比赛和体育交流等。

此外，我国各社会团体（工会、共青团、妇联、青联、学联等）和体育组织（中华全国体育总会及所属各单项运动协会、中国体育科学学会等）均设有对体育教育进行指导、研究和协助管理大学体育工作的机构或组织。这些团体在全国也都有相应的机构，它们接受上级的领导，在全国和各地的高校体育工作中发挥自己的作用。

2. 大学体育内部管理系统

（1）大学体育管理的领导系统。校长或副校长对大学体育工作全面负责。其具体职责是：提出学校体育工作的总目标，制订大学体育工作计划；加强对体育学院（部）和体育教师的领导；经常深入实际，检查体育教学和课外体育活动；根据大学的规模与结构配备体育教师，关心体育教师的生活，帮助他们提高政治思想和业务水平；加强宣传体育，明确体育在高等教育中的地位和作用，动员全体教职工关心学生健康；为大学的体育工作提供必要的物质保障。

教务处的具体职责是：在校长授权下，管理全校体育教学工作，安排全校的体育教学和课外体育活动；督促检查日常体育教学工作，研究教改措施；安排体育教师进修，不断提高教师的思想水平，组织学生进行体质健康监测。

财务处、后勤处、设备处的具体职责是：合理安排体育经费，购置必要的体育设施和器材，负责场地建设和维护、设备维修；教育后勤人员支持体育工作，做到服务育人。

（2）大学体育管理的组织实施系统。

第一，体育学院（部）具体负责全校的体育工作，其主要职责包括：①根据党的教育和体育方针以及上级部门的体育工作计划、文件精神，结合高校的工作计划以及高校的具体情况，会同学校有关部门制定必要的规章制度，制订体育工作计划并提交校领导审批，定期向学校领导汇报工作。②组织好教研室的政治、业务学习，认真开展教研活动，督促教师认真备课，定期检查教师的教学工作，积极组织教师从事体育教学改革，热情关心他们，充分调动其积极性。③认真组织和领导早操及课外体育活动，开展对学生的身体功能、素质的测定工作，建立学生健康卡片，不断改进大学体育工作。④组织开展课余体育训练和校内外各项体育竞赛活动。⑤协助后勤、设备部门做好场地器材的修建、选购、维修和保管工作，教育学生爱护体育设施。⑥做好体育的宣传教育工作，积极培养开展学校体育工作的骨干力量。

第二，体育教师是大学体育工作的具体执行者，其主要职责包括：①认真学习国家的教育、体育方针，忠诚党的教育事业；热爱大学体育工作，掌握增进学生身心健康的手段和方法，圆满完成大学体育教学任务。②根据上级对体育工作的有关指示及学校体育工作计划，认真研究教学大纲和教材。③深入了解学生和教学实际情况，制订好各种体育教学工作计划。④认真备课，努力上好体育课，并加强自身业务学习及科研训练，不断提高教学质量；切实组织好早操，积极推行《高等学校体育工作基本标准》，搞好运动队训练工作和校内外各项体育竞赛工作。⑤以身作则，教书育人，全面关心学生的成长；及时总结工作中的经验教训，定期向领导汇报情况，积极提供合理化建议。

第三，学生体育活动组织是开展大学体育工作的基本活动单位，其主要职责和任务包括：①根据学校及体育教师的有关工作安排，积极组织学生参加各种体育锻炼及训练活动。②积极做好大学体育的宣传工作。③在体育教师的指导下，组织各种丰富多彩的体育活动，开展学院之间的体育竞赛并热情为同学们服务。④选拔学生组织中的体育优秀人才担任体育干部，积极参加学生体育的组织、管理工作，以发挥体育组织的骨干作用和模范作用。

（四）大学体育管理的特征

1. 教育性

大学体育具有教育的重要功能，因此，对人的教育与管理要特别突出"以人为本"，充分调动教师、学生及各级各类管理干部的积极性，这是提高管理效率的重要环节。在制定与执行各种体育管理制度的同时，思想教育要始终贯穿于大学体育管理的全过程，特别是对学生体育的管理工作，更应将"育人"放在首位。

2. 系统性

大学体育教育是一个复杂的、多变的动态系统，在运行中出现的各种问题如不及时解决，就会干扰大学体育工作的健康发展。要使该系统运转协调，就必须不断提高大学体育的管理效能。为此，需要建立一个强有力的调控系统，完善各种制度及控制手段，不断获得各种管理信息并及时反馈，以维持大学体育管理系统动态、良性发展。

3. 方向性

方向性是指大学体育管理必须以贯彻落实"四个全面"① 精神为指导，贯彻党的教育方针，为实现大学教育的总目标服务。因此，大学体育各个层次的工作人员都要明确高校的基本目标任务是培养合格的适应社会主义现代化建设需要的人才，要摆正体育在大学教育中的位置，正确处理体育与其他教育活动之间的关系，使之通力合作，以实现整合效应。

4. 阶段性

首先，不同年龄阶段的学生具有其成长的阶段性特点。其次，大学工作是按学期或学年来安排的，上、下两学期的体育教学内容具有一定的差异，从而每学期的工作需要保持一定的独立性。因此，对不同学期、不同年龄段学生的管理，应体现出阶段性的特点，在管理方式上应有所区别。

（五）大学体育管理的原则

大学体育管理必须依据国家的教育方针、国家各时期的教育改革和发展规划、有关部门对大学体育工作的要求、规定及高校工作规划等方针政策，对大学体育工作实行系统管

---

①"四个全面"：全面深化改革，建设现代化经济体系；全面建设社会主义法治国家，全面依法治国；全面深化国防和军队改革，建设一支强大的现代化军队；全面从严治党，提高全党的执政能力和领导水平。

理。大学体育管理的原则主要如下。

1. 整体性原则

大学体育管理是高等教育管理体系的重要组成部分。大学体育管理应当以实现大学管理目标为首要服务对象，其目标是培养德、智、体、美、劳全面发展的社会主义建设人才。因此，大学体育管理应当基于这一目标，开展一系列的工作，以确保高等教育体育管理的正确位置。这既包括防止片面夸大体育在高等教育中的作用，也要充分发挥体育在发展学生身体和增强体质、培养意志品质、塑造良好校风、促进校园文化的独特作用。此外，需要协调好高等教育体育工作的各方面关系，正确处理体育教学、课余体育训练、体育锻炼及运动竞赛之间的相互联系、相互制约的关系，充分发挥它们各自的优势。根据各个时期高校的任务和实际情况，有所侧重、突出重点，着力围绕完成高等教育目标和大学体育目标展开工作。

2. 计划性原则

大学体育计划是指对大学体育工作的具体安排及规划。大学体育计划管理要求对大学体育整个系统作出全面的部署，从宏观管理到微观管理，统一计划，统一实施。在宏观上要以《学校体育工作条例》和《高校体育基本标准》为准则，提出实施细则，明确完成任务的具体措施。在微观上要明确高校体育各方面的具体任务及责任，根据高校的实际情况及高校整体管理的要求，制订全面实施计划并加以贯彻落实。

计划是管理过程的首要环节，制订哪一方面的计划都应遵循规律。例如，体育教学工作计划，先是制订全年教学工作计划，其次是制订学期教学工作计划，再制订单元教学计划，最后编写教案，然后才能执行和实施。可以说，没有计划，就无法完成任务。无论哪一项工作计划，在实践中必须不断地接受检验，及时修改与调整。

3. 导向性原则

大学体育管理的目标在于完成国家赋予的"育人"的重要任务。国家对青少年一代提出了德、智、体、美、劳全面发展的目标，根据这一目标，大学应结合各个时期的工作重点，提出不同阶段的工作目标。因此，作为子系统的大学体育管理系统，必须依据各级政府及有关部门所制定的阶段发展规划，结合每一时期（阶段）本地区高校体育发展水平，制定出相应的措施及办法。

4. 可控性原则

可控性原则就是指在实施目标过程中，通过不断地检查、评估和控制，保证整个系统顺利地开展工作。大学体育管理的控制主要通过检查、评估去执行，通过检查、评估发现在实施目标过程中哪些工作得到了贯彻落实，哪些工作在执行中出现了问题，需要做哪些方面的修改或促进。评估结果及意见反馈到决策部门后，要对出现的问题加以修正，使原定目标更能切合实际。例如在体育教学中，教师应按预定的方法组织学生练习，在练习过程中，教师通过学生的练习作初步评价，根据学生的掌握情况及时调整或改变教学方法，以便更好地完成预定的教学目标。

（六）大学体育管理的内容

1. 体育教学工作管理

在大学体育的微观行政管理中，虽然管理的内容是多方面的，但既要有管理的全面性，又要注意管理的重点。大学体育任务的完成，主要是通过体育课教学实现的。体育课是大学体育教学的主要形式，体育教学是大学体育的中心环节、硬性指标，占有显著的位置。大学体育教学的管理主要包括各种教学文件的制定，体育课的准备、实施、分析与评价，对学生体育课成绩进行考核，教学工作总结，这些工作都是相互衔接的。

2. 课外体育活动的管理

作为高等教育体育工作的重要组成部分，课外体育活动包括了丰富多样的群众性体育活动、代表队训练和运动竞赛等活动，这些活动不仅有利于全面发展学生的身体素质和提高健康水平，还可以培养学生的团队精神、合作意识和创新意识。

（1）群众性体育活动。群众性体育活动是课外体育活动的重要组成部分，旨在为广大学生提供学校内部各类体育活动和文体娱乐机会，激发学生的体育兴趣，开发学生的体育潜能。此外，群众性体育活动还可以加强学生与学生、学生与教师之间的交流与互动，增强集体凝聚力。

（2）代表队训练。代表队训练是培养学生竞赛意识、提高比赛水平的重要途径，是学校体育竞技活动的重要组成部分。代表队训练旨在培养学生专业技能与综合素质，促进全面、有序、规范、科学的代表队训练管理体系建设，加强师生之间互动交流，推动高等教育体育工作的健康发展。

（3）运动竞赛。运动竞赛是大学体育活动中的重要形式之一，是发挥高等教育体育教育育人功能、推动体育事业发展的突破口之一。运动竞赛不仅能提高学生的竞技水平，而且可以提高学生的团队合作意识、交流沟通能力和心理素质，增强学生的自信心和勇敢拼搏的意识。同时，大学运动竞赛的成功举办也可以为教育教学、学科建设、科学研究和社会服务等各方面提供支撑和保障。

3. 体育科研工作管理

大学体育科研管理的范围很广，涉及组织机构、目标、人、财、物、效果等许多因素。加强大学体育科研管理的目的，在于有效地组织开展大学体育科研活动，提高科研管理水平，调动广大体育教师从事科研的积极性，提高科研效率，获得最佳的研究成果。

4. 体育社团的管理

为了完成大学体育任务，必须建立一支由学生体育干部和积极分子组成的业余体育社团或协会。在体育社团中培养体育骨干的组织能力、带领和辅导学生进行锻炼以及独立组织小型竞赛活动的能力，发挥社团在课余体育的独特作用。

5. 体质监测工作的管理

大学生体质监测是促进学生体质增强的重要措施。为使监测工作规范化、制度化、经常化，充分发挥监测结果的作用，必须把体质监测作为大学体育管理工作的一项重要内容。对体质监测的资料应加强管理，建立搜集、整理、统计、分析系统，发挥其信息存储和反馈作用，建立健全学生体质档案。

第二节　大学体育设施与经费管理

一、大学体育设施管理

（一）高校内部管理

1. 体育器材室的管理制度

为使学校体育器材得到合理充分的利用，更有效地服务体育教学，应制定如下制度。

（1）体育器材室是体育器材存放、保管的重要场所，应由专人负责。未经许可，其他人员不得擅自进入体育器材室。

（2）学校应建立体育器材的总账和明细账，确保账中记录的器材与实际存量相符。任何一笔变动，都应及时记录。每学期期末，账与货相对，并进行核对，确保账、物一致。对新购入的体育器材，应在使用之前入册登记，以确保登记记录的准确性和合法性。

（3）体育器材室内的各种运动器械和体育器材，必须做好信息登记，确保摆放整齐，方便借还。

（4）只有经过学校同意，在满足教学训练与活动组织需求的基础上，才可以使用体育器材室内的运动器械。在没有征得学校同意的情况下，勿随便向他人出借体育器材。为了确保学生的学习时间不受干扰，不得在课堂或者课间使用运动器械和体育器材。

（5）实施注册制管理体育器材室内的各种运动器械和体育器材。对有出借需求的运动器械和体育器材，只要借出行为不影响日常的教学、训练工作，并且能按照相关要求合理借出，都应该做到在借出时间内不得再次转借。

（6）如果需要向班主任申请使用运动器械和体育器材，应该在班主任办理运动器械和体育器材借出手续后，才能使用运动器械和体育器材。体育课结束后必须及时归还借出的运动器械和体育器材，如果发生任何损坏或丢失情况，都需要班主任承担赔偿责任。

（7）向非本班学生出借运动器械和体育器材，需要求学生在指定时间内将运动器械和体育器材带回，并记录好设备的当天交还情况。不可以将设备随便借出，一旦设备发生遗失或损坏的情况，教师有责任向学生索取赔偿款或者要求学生按原价购置同款设备。

（8）运动队员因参加体育竞赛需要借出相关器材和服装，应由主教练统一借取，并在竞赛活动结束后立即将借取的设备、器材与服装等交还体育器材室。

（9）除了体育教师可以自主管理部分训练器械外，其余的大型器械都必须按时归还，不可以私自寄存。对体育教师经常用到的秒表等设备，只能借出一个学期，在学期结束后，必须重新办理借取手续，才可以在下一个学期正常使用相应的设备。

（10）原则上，学校的体育器材和设备不应向校外出借。但在特殊情况下，如果需要使用体育器材和设备，则必须经过学校批准并按照规定办理借用手续，借用期限到期后应及时归还。在借用期间，不得将体育器材和设备转借给他人。若出现器材和设备损坏或丢失的情况，则需要承担赔偿责任，并按照原价进行赔偿。

（11）校内运动设备原则上被租借的可能性不高，如果有租户想要使用校内运动设备，必须持有推荐信息与校方取得联系，在征得校方同意的情况下，支付设备使用费和租借费。如果有任何遗失或损坏，租户必须照价赔偿。

（12）在使用设备期间，任何人因使用设备造成的损失，必须在一星期之内按照设备价格予以补偿，超过补偿时限的应加倍补偿。

（13）外派人员需办理借取手续，按时归还所借设备，如果设备发生遗失或损毁等，一律照价赔偿。

（14）注意维护好体育器材室的整洁环境，外出时及时断电，关好门窗，并注意做好安全保护工作。

（15）设备管理员应定期查看设备状况，并向上级报告设备需要更新的情况。

（16）在学期结束前及时清查学校资产，并对下一年度的运动设备采购行为进行追加预算操作。

2. 体育课场地、器材、设施管理制度

为强化体育课场地、器材、设施管理，提高器材管理工作的制度化、规范化水平，确

保运动训练、体育课以及学生参与的课外活动能顺利开展，特制定以下管理制度。

（1）行政主管单位必须严格执行校内教学管理规定，坚持做好本职工作，履行本职工作职责，听从学校管理层的工作安排，勤勉尽责。

（2）牢固树立"为教育服务"的理念，对每日教学所需设备，做到清楚明了，确保供给不受影响。

（3）每日体育课开始前的30分钟内，与授课教师取得联系，按照教学计划盘点好设备数量并将设备运到教学现场。在午后的空闲时间段内，为学生提供课外运动设备。

（4）在新学期开始前，按照课程需要，对场地和设备进行检查，并在办公室完成设备申领手续，并对设备进行编号和登记，做好新学期教学准备工作。

（5）在每个学期末，对所有设备进行一次彻底清点，并将整理好的数据上报学校总务处，做好旧设备的淘汰与新设备的更换工作。

（6）按照竞赛计划和竞赛规则，准备好竞赛场地和器材。

（7）教师在课堂上使用设备，必须严格执行借还程序，如果发生设备遗失或人为损坏、更换等情况，应立即告知教学小组，并按照相关规定进行处置。

3. 场地设施器材的安全要求

（1）学校遵循"以学生为本，健康、安全第一"的方针，在开展体育教学活动、安排体育活动时，应充分考虑场地、天气、器材、设备等方面的影响，尽可能降低可能出现意外伤害事件的概率。

（2）学校安保工作领导小组与总务处在每个学期开始后与结束前，必须组织好不少于两次安全保障活动，并在规定的时间内，对学校的运动场所、运动器材、运动设备设施等进行检查与维护。

（3）体育教师要经常巡视校内的各项运动设备，如果发现任何危险，必须立即上报总务处，并在可能发生危险的地方放置警告标志。为了确保学生的人身安全和体质健康，总务处要及时维护、维修或更新校内的各项设备、器材，以确保学生的安全和身体健康。如有需要，总务处可以委托专业公司进行相应的检修或修缮，以确保高效、可靠、安全的使用效果。

（4）体育教师在实施室外教学时，要预先检查场地和器材，合理划分活动区域和设置警戒标志。要注意场地中的不安全因素，学校后勤人员经常平整场地、清除小石子等。

（5）任何体育器材设施在使用前，要认真、仔细检查过后，方可使用。

（6）单、双杠在使用前一定要安放好垫子。

（7）学生攀爬肋木时，听口令按照要求做，教师应在下面做好安全措施。

（8）投掷铅球、标枪时，投掷区内禁止有人。

（9）投实心球时，任课老师要注意安全动向。

（10）有棱有角的器材应包好。

（11）跑步时保持场地的干净，不能有杂物。

（12）固定单、双杠区域的设施上挂有"无老师保护情况下，禁止攀爬该器械"的明显字牌。

（13）健身房、跳箱区贴有"无老师保护情况下禁止练习"等标示。

（二）学校开放管理

高校体育场地面向社会公开，为社会服务，为人民服务，这既是当前国内高校推进"全民健身"战略的基本要求，也是促进高校体育场地强化建设的重要途径。高校体育场地面向社会开放，是贯彻科学发展观，为人民群众提供高质量公共体育用品与服务的必然要求。高校体育场馆属于具有使用普遍性的公共运动场所，"以人为本"为社会提供服务，是创建这类场所的终极追求。高校体育场馆面向社会开放，为社会提供服务，是高校落实"以人为本"国家方针的必然选择。高校体育场地的社会化经营，是强化公共体育服务的重要措施，也是优化政府公共服务功能的必要措施，更是推进全民健身运动、创建资源节约型社会的关键措施。高校开放体育场馆的管理，是高校体育场馆实现运营社会化的必然要求。

1. 体育设施服务于社会的形式

随着经济社会的不断发展，人民的物质生活水平不断提升，休闲时间不断增加，工作中承受的压力越来越大，这些因素都推动着城镇居民成为体育健身队伍的重要成员。在我国全面推进"全民健身""奥林匹克运动会"取得胜利的新时代，"全民健康"观念已经成为人民追求美好生活的首要观念。高校体育场馆的经营单位必须抓住机遇，大胆推进体育场馆的社会化经营工作，以开放大学体育场馆为出发点，以大学体育场馆经营的社会化为突破口。根据高校体育场馆对外开放现状的调研情况，可以将当前高校体育场馆对外开放实践划分为以下四种形式。

（1）社区活动制。学校的运动设备可供社会居民无偿使用。学校的体育场馆建设体系较为完备，学校周边的居民可以到学校进行健身运动。

大学体育资源面向社会开放，但是必须在不对学校正常开展体育教学活动造成干扰的情况下，才能协商确定开放时间、方式，以及双方的权利、义务，明确双方的职责，共同商讨相关的管理办法。一般而言，协商条款需要明确高校已开放场地和设施的负责人，健全值班制度，对人员出入进行登记，并清楚标明相关的免费开放设施。对无偿使用的相关运动设施，不得以转租、出租、转让或其他形式进行变相运营。使用体育场地和设备时，不能以营利为目的。

公共服务场所的安全、环境卫生等必须符合相关标准，才能为居民提供优质的服务。鼓励教师发挥专业优势，积极参与社会公益事业；明确社区居委会的职责，包括了解居民的需求，向高校反映居民意见，帮助高校开展体育场馆与设备面向社会开放工作，确保高校体育资源有序利用。

（2）委托管理制。部分体育中心利用自身经营运动场馆的能力，与大学进行合作，主张托管大学运动场馆。

虽然教育、体育等相关部门一再强调，要保证学校的体育场馆面向公众开放，但是，很多学校并没有做到这一点。造成这种局面的主要原因是：一方面，担心影响高校的体育教育，无暇顾及其他方面的问题；另一方面，担心对外开放后，学校的一些设施和器材损耗率上升。然而，学校主张负责任的组织可以管理学校体育设施开放工作，并向学校保证，可以做好学校体育场馆设施面向社会公开的工作。通常情况下，经过协商，双方将签署一份场馆委托管理协议或合同，确保双方的合法权益不受侵害。部分体育活动中心逐渐拓展与其他高校的联系，实现管理连锁、资源共享，能持续地满足学校附近居民的健身需求。

（3）体育俱乐部制。青年运动社团充分发挥学校体育场地和优秀人才的优势，在假期和课余时间，为学生提供各种形式的体育锻炼指导，并在周末和节假日，有针对性地邀请附近高校的学生和社区居民到俱乐部参与健身活动。

俱乐部的各项活动面向公众收费。在落实体育俱乐部制度的基础上，俱乐部可以选用合适的外聘培训师和操场管理员，负责俱乐部特殊运动场所的广告运营业务。青年运动社团可以健全会员制度，借助目标管理等方式登记会员信息，制订活动计划，安排会员进行训练并参与日常比赛活动。在承办或协办体育比赛的过程中，俱乐部既能提高体育比赛的影响力，又可以吸引更多的会员加入俱乐部，从而有效地扩大俱乐部的经营活动范围。

（4）政府推动制。目前，国家体育总局和教育部正在全国范围内逐渐推行大学体育场馆面向公众开放计划，并要求试点区政府一次性给予试点大学不少于2万元的大众健身器材补助。国家现已确定包括北京、上海、长春等在内的7个城市的首批大学体育场地面向公众开放实验区。

通过与学校共同推动体育场馆面向社会开放，部分城市的教育主管单位和体育部门已经制定了奖励、引导和处罚制度，以推动高校体育场地的社会化运营。借助业绩评估和奖金制度，为面向社会公众开放运动场所的高校提供奖励与补助，并围绕各所大学自身的特点，建立相应的奖励制度。

2. 体育设施管理体制改革的必要性

目前，国内各层次上的体育设施管理体制仍然处于"管办分离"的状态，有必要从以下三个方面，对体育设施管理体制进行改革。

（1）高校运动场所经营方式需要逐渐转变为俱乐部经营方式。当前，大学体育场地的利用与服务提供主要围绕学生参与体育锻炼的时间轴展开。在教学中，除比赛和锻炼之外，大学体育场地更多的是为了满足大多数学生的业余运动需求。随着时间的推移，国内大学体育场地开放将主要采取自由型、管制型和收费型三种模式。

（2）为了满足经济社会的发展需要，体育设施管理体制需要由政府主导转为市场化运营。高校体育场馆经营目前以国家为主体，随着越来越多高校体育场馆的陆续建成，高校体育场馆的经营方式需要不断地改进与调整。出现这种情况的根本原因在于公共体育设施的公共服务能力不足，公共政策和法律缺失；深层原因在于公共体育业务的"经营垄断"，需要借助行政制度变革消除"垄断"现象。具体来说，可以从下述两个方面着手做好工作。

第一，在推进社团体育场所经营制度落实的基础上，将社团体育场所的经营职能剥离出来，由社团自主经营体育场所，以提高社团的民主、自律水平，强化社团的自律职能。

第二，加强政企合作，推动社团运动场所为社区居民提供更多的普惠服务，实现共赢发展。体育事业作为助推社会发展的"软实力"项目，可以为社会提供"以人为本"的公共产品。高校体育场馆应当面向广大群众开放。

（3）需要确立大众体育观念。我国大部分高校体育场馆都属于国家财产，这使得高校体育场馆的经营活动带有公益性质。因此，大学体育场馆及配套设施肩负着为全民提供体育活动场地的重任，应该将社会效益放在首位。由此可见，树立"公益"观念，是高校进行体育场地经营制度变革的意识形态依据，高校应按照市场经济发展的要求，将加强公益事业作为主要内容，将"为社会大众提供公益服务"作为工作使命和根本责任，应进一步完善高校体育场地的管理体制，扩大高校体育场地的对外开放范围。在此基础上，加大学校体育器材的投资力度，努力为学生和周围居民提供更加优质的公共体育服务。

3. 体育设施社会化服务管理的思路

（1）建立服务高校体育场馆的社会性组织。在全球经济一体化、体育产业立体化的环境中，为了提供更好的高校体育设施社会化服务，就必须积极强化与国外相关单位的交流与合作，利用好学校自身的资源，提升学校体育设施社会化服务的专业化水平。既要勇于突破地区和行业边界的束缚，又要打破所有制垄断，完善市场准入标准，努力提升高校体育设施社会化服务的开放度，持续推进高校体育设施社会化服务迈上新台阶。

（2）推动大学和社会协同运作。大学与社会共同运作的目的，在于通过大学与社会的良性互动，实现"双赢"效果，促使大学管理规范化、开放制度化，同时保证大学的正常教学秩序和大学校园的治安环境不受影响。构建高校与社会共同发展机制，高校要与社会共同探讨高校资源开放的各种方式，力争打造出高校资源开放、整合的特色，提升高校体育资源的利用效率。学校应从体制层面入手，加大体育活动场所向社会公众开放的力度。

（3）完善高校体育场馆社会化经营体系。当前，高校体育场馆社会化经营面临的重要课题，是促使高校体育场馆的管理模式由政府管理转向社会管理，使其实现真正意义上的市场化经营。目前，我国高校体育场馆服务已经呈现出科学化、产业化、法治化和社会化发展的特点。在社会主义市场经济快速发展的时代背景下，高校体育完全由政府主导的计划型办学方式已经被市场化的经营管理制度所取代。因此，要通过各个行业协会、体育协会等的合作，实现高校体育场地服务走向职业化、社会化的发展道路。这既是当前我国大学体育制度改革的迫切需要，也是与现代体育运动发展规律相一致，解决当前我国体育产业发展所面临的一系列问题的必然选择。

（4）制定相关的政策与保障措施。为了促使高校运动场所更好地为社区居民提供服务，管理部门必须制定相应的政策与规范，并采取积极的态度，指导群众体育健身活动。相关部门应该尽快构建并健全涵盖财政投入政策、税收政策、社会集资政策等在内的体育设施社会化服务政策体系，只有这样，才能营造出有利于学生健康成长的环境。

二、大学体育经费管理

（一）体育经费的收入渠道

1. 事业拨款

事业拨款即从教育行政部门按学生人数下拨的教育事业经费中用于体育的比例部分，主要如下。

（1）体育维持费，用于维持正常学校体育工作开展。

（2）体育设备费，用于购置大型体育设备。

（3）专项经费，用于学校体育场馆建设。

2. 学校筹措资金

学校筹措资金是指学校利用内部创收、校办产业等方式获得的资金，其中一部分被划拨给体育教师作为奖福经费。这些经费通常用于体育教师的课时酬金补贴，以激励和激发他们更好地开展体育工作。此外，这些经费也可以用于购买体育器材、举办课外体育活动、组织运动队训练竞赛等方面，为学生创造更多的体育锻炼机会。

3. 社会集资

社会集资是指学校或体育教学部（室）因举办重大比赛、参加重大比赛、体育场馆建设等需要向社会各界募集资金的情况下，从社会各界获得的赞助费。这些资金用于支持学校体育发展、举办校际体育比赛、购置器材、建设体育场馆等。社会集资可以促进学校与社会的互动，增强学校体育事业的社会责任感和社会参与感，同时也为社会各界提供了一个支持和参与公益事业的机会。

4. 自行创收

自行创收是指体育教学部（室）通过合法和规范的手段向学校内师生和社会各界提供有偿服务，从而获得的收入。这些有偿服务包括健身课程、体育训练、场馆场地、器材租借等多个方面。通过自行创收，体育教学部（室）可以实现增收、减负，改善教学条件，提升服务品质，同时也可以为学生、师生员工和广大社会人员提供更为便捷、个性化的体育服务。需要注意的是，自行创收必须在合法合规的前提下进行，不得损害任何利益方的合法权益。

（二）体育经费的支出内容

第一，体育维持费：用于维持正常的体育教学、课外群体活动、运动队训练竞赛、场馆器材维护、图书资料添置等。

第二，体育设备购置费：用于购置大型体育器材设备。

第三，专项建设费：用于建设体育场馆。

第四，奖福和后勤经费：用于支持体育教师和行政后勤人员。

第五，日常办公经费：用于支持体育管理机构的日常消耗，包括办公用品费、电话费、差旅费和业务往来费。

（三）体育经费的预算依据

学校体育经费的预算依据如下：

第一，国家和学校的有关财政法规制度。

第二，当年年度学校经费预算的指导思想。

第三，学校对经费预算的内容要求。

第四，上年度收支指标完成情况分析和决算财务分析。

第五，本年度开展学校体育工作所需要的经费预测或者与上年度相比主要增减项目。

第六，本年度学校体育自我创收经费估计。

第七，熟悉预算科目和预算表格。

第三节　大学体育竞赛与运动训练管理

一、大学体育竞赛管理

（一）大学体育竞赛的计划

制订运动竞赛计划是运动竞赛管理的首要环节，也是有效组织运动竞赛的重要手段。运动竞赛计划制订得科学与否，直接影响运动竞赛管理的效果。因此，不断提高运动竞赛计划的科学性，是加强运动竞赛管理的重要问题。

1. 运动竞赛计划的种类

运动竞赛计划按照不同的标准可分为多种类型。常用的几种划分方法为：按照计划的范围可以分为全国运动竞赛计划、地方运动竞赛计划和基层运动竞赛计划；按照计划的期限可分为中、长期和短期（年度）运动竞赛计划；按照竞赛的任务可以分为竞技体育竞赛计划、群众体育竞赛计划和学校体育竞赛计划。

2. 运动竞赛计划的内容

（1）运动竞赛的目的、任务。

（2）运动竞赛的种类与规模，包括举办运动竞赛的次数、各种类型竞赛活动的次数和人数等。

（3）执行运动竞赛计划的基本要求与主要措施。

（4）运动竞赛日程安排：运动竞赛日程安排是根据竞赛任务、目标具体制定的，一般以表格形式排列，即把竞赛名称、参加对象、竞赛日期、竞赛承办单位和竞赛地点等各项内容按照一定的次序和格式列入表中。其特点是简明直观，条理清晰。

3. 运动竞赛计划的步骤

（1）确定目标。目标是未来行动的出发点和最终归宿，是制订计划的前提。目标应该尽量准确，通常由数量指标和质量标准来表示。在确定目标时应该注意：①合理性原则。目标不能太高也不能太低，要制定得恰如其分，应尽可能使目标既具有挑战性和激励性，同时又是通过努力可以实现的。②检验性原则。制定的目标应该是清晰明了，可以检验的。这就要求在制定目标时，尽可能使用一些明确指标，可以借助一些间接的指标来表示。

（2）分析环境。环境条件具体包括：社会政治经济条件、教育科技水平、社会文化心理、民族传统习惯、人口与自然资源、体育事业的发展水平等。只有了解计划执行时期的预期环境，即计划实施的假设条件，才能使计划目标符合实情，也才能充分利用一切可以利用的有利条件，发挥优势，并把各种不利的限制条件转化为无害条件和有利条件。

（3）提出方案。一个计划制订之前，必须要有几个可供选择的备选方案，因此，备选方案的质量在很大程度上影响决策的质量。为了保证备选方案的质量，首先，要注意以确定地掌握准确的目标为中心，避免备选方案偏离目标而无的放矢；其次，应了解有多少条道路可以奔向目标，从中选择距离最短、障碍最少的捷径；最后，要运用系统的观点，对备选方案进行精心设计，使之成为经得起推敲的、内部均衡协调的人工封闭系统。

（4）确定方案。几个可行的备选方案提出来以后，接下来就要运用优选决策法，采用经验判断、数学分析等定性和定量决策方法，仔细分析各个方案的优劣，根据已确定的计划目标和可能提供的环境条件，来权衡各种计划因素和评价比较各个备选方案，使备选方案经过一番科学的论证和比较后，再作出审慎的决断，从备选方案中选出较为理想的方案，加以不断地补充完善。在现实中，决策方案的选择往往采用相对满意的标准。

（5）编报计划。首先是主管体育赛事的职能部门在调查研究、听取各方面意见和权衡利弊的基础上确定未来的体育赛事打算，进而制订体育赛事的计划。目前，在我国要举办体育赛事，通常是由各地区、各部门根据上级机关下达的控制数字，结合本地区、本部门的具体情况组织编制计划草案，然后逐级上报上级决策机关。由最高决策机构最后进行汇总和综合评价，制订出指导全局的计划草案，然后报请有关部门审定，经主管部门审批后，作为正式计划文件下达各部门、各地区和基层单位贯彻实施。

（二）大学体育竞赛的实施

1. 年度体育竞赛日程计划

年度体育竞赛日程计划是对全校一学年的体育竞赛活动所做的全面规划和安排，其内容一般包括本学年的竞赛项目、竞赛时间、竞赛地点、参赛单位、参赛人数、主办单位。制订年度体育竞赛日程计划时应考虑的因素主要如下。

群众性：安排时应考虑以不同层次学生的需求、小型多样、学生喜爱、组织简便为原则。

可行性：竞赛时间和次数的安排应根据学校教育计划、季节特点、节假日等因素综合考虑，次数适宜，时间分布均匀。

常规性：竞赛的项目和时间要相对固定。对校运会、学校传统体育项目等重点比赛要安排在比较固定的时间，方便学生有计划地训练。

简便性：竞赛日程计划表的排列应便于检查与操作。

2. 竞赛规程

竞赛规程是根据学校年度体育竞赛日程计划而制定的具体实施某一项次体育竞赛的政策与规定。它对该项竞赛活动的组织管理具有高度的权威性和指导性，是竞赛参加者和组织者都必须遵循的法规。举行任何一项竞赛活动，首先要制定竞赛规程。

在竞赛活动中，竞赛规则和规程共同协调和制约着体育竞赛过程。所不同的是，竞赛规则主要是对技术规范及有关场地器材条件的规定，而竞赛规程则着重于竞赛组织管理方面的规定。

二、大学运动训练管理

(一) 运动训练的基本定位

高校运动训练是学校体育的组成部分，是学校贯彻普及与提高要求的重要内容。高校运动训练是我国运动训练体制的一个组成环节，是培养体育后备人才的必经之路，是基础训练的一种组织形式。我国大部分在国内、国际比赛中夺取优异成绩的运动员都启蒙于高校运动训练。开展高校运动训练，对全面贯彻我国教育方针和体育方针，实现学校教育目标和体育目标，推动"全民健身计划"和"奥运争光计划"的实施具有积极的意义。

(二) 运动训练的主要目标

运动训练的主要目标包括：①全面发展体能，提高运动能力。②输送后备人才，培养群体骨干。③塑造良好品质，提高适应能力。

对具有运动特长的在校学生进行全面身体训练，发展体能，掌握参训项目的基本技术和战术，为进一步的专项运动训练奠定身体、心理、技术、战术和思想品质的良好基础，为全民健身运动的广泛开展提供体育骨干。

(三) 运动训练的管理特点

1. 共同特点

学校课余体育训练与一般运动训练相比，有许多共同的方面。

（1）学校课余体育训练与其他运动训练一样，主要目的是提高专项运动的技术水平，创造优异的运动成绩，因此在训练项目、内容、方法和手段等方面具有相似性。

（2）为了使运动员能承受体育竞赛时的极限运动负荷和心理适应能力，在运动训练过程中，应科学地安排生理负荷以及变化的速度和幅度。

（3）参加运动训练的运动员，无论是青少年还是成人，即使是接受相同的训练内容，他们在身体、技术、战术、心理、智力等方面仍存在不同的特点，所以，在训练要求、内容、方法与手段方面，都要做到区别对待。

（4）运动训练的结果就是要使运动员在各类比赛中发挥最佳运动水平，创造优异成绩。

2. 自身特点

学校课余体育训练以在校青少年学生为主，所以，与一般运动训练相比，又有其自身的特点。

（1）针对性。高校运动训练管理是针对学生而进行的，其管理和其他类型运动训练管理有所区别，在目标计划的制订组织实施等方面都要考虑到这一点。

（2）基础性。高校运动训练主要是进行基础训练，这是在训学生年龄特征、课余训练以及运动训练规律所决定的。学生正处于生长发育期，他们的思想作风、道德品质、身体功能均处于形成和发展阶段。因此，在管理过程中，要加强思想教育，训练从打基础方面考虑，使他们全面发展。

（3）业余性。高校运动训练的显著特点是业余性，即利用课余时间（每天下午文化课学习后以及每年的寒暑假和其他节假日等）进行运动训练。以学期和学年为周期的运动训练，是其他专业训练所没有的。学生的训练时间基本上都在每天下午文化课学习之后以及星期天和每年的两个假期。这就要求在计划的制订、执行等方面要适应业余性这一特点。

（4）广泛性。学校课余体育训练的广泛性是指凡是愿意参加课余体育训练的学生，不分成绩高低，有无运动天赋，都可以参加课余体育训练。如果能以学生体育俱乐部的形式组织课余运动训练的爱好组和提高组，就能扩大训练对象的范围，不断壮大运动训练队伍。

（四）运动训练的组织形式

第一，学校运动队。学校运动队包括班级代表队、年级代表队及学校代表队等。它是我国学校高校运动训练最普遍、最广泛的组织形式，也是我国运动训练体制的基础。其主要任务是：全面发展学生运动员的身体素质，增进健康，增强体质，打好思想、身体、技术、战术等方面的基础，逐步提高专项运动技术水平，推动学校群众性体育活动广泛开展，为国家培养和输送体育人才。

第二，体育传统项目学校。体育传统项目学校是开展学校高校运动训练的有效组织形式。它的主要任务是：普及群众性体育活动，广泛开展体育传统项目训练；更好地增强学生体质，提高传统项目的运动技术水平；培养输送有某项运动专长的后备体育人才。

第三，基层运动训练点。基层运动训练点是在学校群众性体育活动广泛开展的基础上，以一两个传统运动项目为重点的训练场所。它是由县区体育和教育部门根据需要，共同规划、全面布局设置的。也有的基层训练点是以某一重点学校为基地，吸收附近学校有培养条件的学生参加训练的，通常也把这些参加训练的学生编制成一个班，以便教学、训练工作的统一安排和管理。

第四，体育运动后备人才试点校。培养体育运动后备人才试点校是在深化改革的过程中，从体育传统项目学校中选择一批学校领导重视、师资力量强、全面贯彻教育方针、推行素质教育、重视学校体育、运动场地器材设备条件好、教学质量较高的学校试办的一种专项运动训练的形式。其目标是：在课余时间，对部分全面发展的学生进行系统的、科学的运动训练，不断提高运动技术水平，创造优异的运动成绩，培养优秀的体育运动人才，推动学校群众性体育运动的广泛开展。

第四节　大学体育社团管理与机制建立

一、大学生体育社团管理

"大学生体育社团是在校大学生自发成立的体育活动组织，该类组织在有关部门的支持下，以各种体育活动项目为载体开展体育活动，不但能调动大学生参与体育活动的积极性，还有助于培养大学生终身体育意识，推动校园文化建设。"[1] 体育社团作为课余体育的重要组织形式，一直都是高校校园文化生活中的一道亮丽风景，随着阳光体育活动的不断深入发展和高校课余体育组织形式的变化，大学生体育社团将以自身独特的魅力和广泛的群众基础显示出其勃勃生机，为高校学生了解体育项目、参加体育训练和相互了解搭建平台，在丰富校园文化生活、提高大学生综合体育素养、引导大学生适应社会、培养合格

---

①边挺.大学生体育社团与高校校园文化的关联机制研究［J］.南阳理工学院学报，2023，15（01）：62.

的人才等方面发挥重要的教育作用。因此，随着高校体育改革的深入推进，大学生体育社团建设将成为高校课余体育和阳光体育活动开展的重要内容，在培养塑造人才和校园文化建设等方面将起到极为重要的作用。

(一) 大学生体育社团的组织特点

1. 灵活性

大学生体育社团的灵活性是指社团组成人员广泛，信息和内容丰富，活动范围广。学生社团的活动内容与形式自主性强、自由度大，比较贴近学生生活，具有广泛的群众基础，能吸引不同体育兴趣爱好的学生群体。体育社团可以通过训练、比赛、讲座和沙龙等活动形式开展活动，以提高技战术水平、体育综合素养和拓宽视野为目的，从而广泛吸引不同层次、不同专业和不同年级的学生共同参与。大学生体育社团以自己灵活的特点，通过多层次的活动，进行横向、纵向交流，加强社会交往。

2. 自发性

自发性是大学生体育社团的首要特点。体育社团一般都是在大学生自愿结合的基础上形成的，是学生自愿组成，为实现共同参与、共同组织体育活动、共同提高技术水平的目的，满足其健身意愿的群众组织。大学生体育社团的成员自愿聚集在一起，加入社团与否，完全由自我决定，而非靠外部强制力形成，即由学生自主发起，由学生自愿参与，由学生自行建设。随着高等教育体制改革的不断深化，社会对人才素质结构的需求发生了重大变化，由原来的单一的知识型向能力知识型并举的方向发展。受其影响，在校大学生参与体育活动也不仅仅为了体质的增强，而是通过体育活动促进人与人之间的交流，提高体育对学习、就业压力的调节作用。

因此，大学生的体育意识也发生了一些变化，由被动变为主动，越来越多的学生根据自己的兴趣和爱好主动联合志同道合的同学，组建培养自己感兴趣和展示自我才能的学生体育社团。

3. 松散性

大学生体育社团的松散性主要表现在社团的组织规模大小不一，少则几个人，多则数千人。大学生只需报名登记或直接参加活动就可以加入社团，成员均可自由退出，不需办理复杂的手续，自由度大，除少数骨干成员相对稳定以外，其他成员流动性较大，对成员参加与否没有约束力。再者，大多数学生体育社团缺少正规的社团章程，社团组织机构往往不甚健全，系统性较差。

4. 一致性

大学生体育社团属于成员目标的趋同型社团，即学生参与体育社团的初衷基本都是由于在兴趣、爱好、特长、观念等方面具有某种程度上的一致性，从而在社团活动中表现出极高的热情和主动性，这也正是社团总是能不断吸纳有共同志趣的学生，得以持续发展的原因。成员之间通过聚合、统一，使群体目标逐渐走向统一，同时，体育社团目标的趋向性又为个体成员能力的施展、素质的整合与提高提供了条件。

5. 自律性

体育社团是在其成员一直保持自觉性、自律性基础上的，坚持常年正常、规律运转的高校学生社团。体育社团的显著特点是：有一套制度化的组织系统，或者其成员的自觉性、自律性程度较高，无须外在约束即可自觉履行社团义务。一般情况下，尽管体育社团的行为规范没有行政行为规范的约束力强，但是可通过该社团组织成员的基本素质和自觉性来实现社团目标，实行自我控制、自我约束。

6. 动态性

大学生体育社团通常是由大学生自愿结合的，一般组织形式都不稳定，处于动态变化中，如果社团骨干出现什么变化，该社团也就面临自然解散的可能，并且学生体育社团成员较为广泛，合则聚，不合则散，兴趣转移则退出，始终处于动态之中。

（二）大学生体育社团的活动特征

1. 活动范围的广泛性

随着高校与社会的联系日益紧密，以及大学生学习、生活方式的改变，当代大学生与社会的接触变得更加广泛。大学生体育社团活动不仅仅局限在社团内部，也不仅仅局限在校园之内，而是日益深入社会，甚至走出国门开展国际交流合作项目，呈现出越来越强的开放性。大学生体育社团通过同社会各方面建立广泛的联系，争取到社会上的公司和企业的大力支持，从校外获得了自身发展所需的活动资源与管理理念，也为社团成员提供了走出校园、接触社会，将所学知识与实践相结合的宝贵机会。

2. 活动内容的多元性

从大学生体育社团的类别和活动内容来看，体育社团组织的活动内容丰富、形式多样、富有创意，具有强烈的吸引力。近年来，大学生体育社团所开展的活动逐渐覆盖集中训练、公益表演、校内外体育竞赛、健康讲座、校际交流等各个领域。学生体育社团所倡导的各项活动，为大学生的课余文化生活增添了缤纷亮丽的色彩。而定期在社团内部举行的小型竞赛、体育文化节等活动，更为学生体育社团搭建了一个展现自身魅力、互相交流学习的平台。随着体育社团工作经验的积累，社团的活动内容将更富有创意，活动水平将不断提高，体育社团活动日益成为校园文化中不可或缺的组成部分。

3. 活动方式的灵活性

大学生体育社团组织的自主性比较强，社团的活动方式也相对灵活多样。社团活动可以定期举行，也可以不定期举行；可以是讲座、比赛，也可以是展示、竞赛、训练等。与此同时，随着网络技术的开发使用，网络在社团活动中的作用越来越明显。大学生通过网络将共同喜爱的技术视频、比赛片段分享给其他成员，而且将一些重大比赛的时间表以及校内比赛的通知和规程通过网络的途径进行宣传，改变了传统的活动组织形式，使信息传播更快、参与方式的约束性降低、活动参与面更广、发表各种意见的自由度更大，进一步拓宽了社团的活动空间，促进了学生社团的活力和影响力。

4. 经费来源的多样性

大学生体育社团的发展最为重要的就是经费的筹集。近年来，大学生体育社团的经费保障日益充足，一方面得益于高校的重视、扶植和支持，有相当数量的大学生社团管理机构每年会为学生体育社团提供一定的活动经费，并为体育社团提供必要的活动场所与设施；另一方面社团的对外联络能力、自筹资金能力的提高也对社团经费的增加起到了至关重要的作用。随着学生社团影响力的不断扩大，社会联系日益广泛，许多校外企业、国内知名公司都乐于与学生社团合作，为社团活动提供资金赞助，充足的经费又为提升社团活动的品质、提高学生社团的知名度和美誉度奠定了坚实的基础，从而形成了学生社团与赞助单位之间的良性互动和深化合作的良性循环。

二、大学生体育社团管理机制的建立

(一) 构建社团分类指导机制

加强体育社团指导工作，要善于对形形色色的社团分类、分层、分级。所谓"分类"，就是要根据性质定位、活动内容和关注领域等标准将社团划分为不同种类。每个体育项目的社团都有一些共同的特征和基本的规律，从而为指导工作提供一些具有普适性的方法和手段。所谓"分层"，就是要根据体育社团组织的规范化程度和活动的品质，将社团划分为不同层次，据以确定对其的支持度。所谓"分级"，就是要根据社团的规模、影响力等因素将社团划分为不同级别，据以确定对其的关注度。这三种分类方法中，"分类"体现的是社团横向上的差异性，"分层"和"分级"体现的都是社团纵向上的差异性。后两者的区别在于："分层"的结果是"好、中、差"，可以作为奖惩的依据；"分级"的结果是"该不该多加关注"，可以作为监管的依据。

（二）优化社团骨干培养机制

人，既是问题的制造者，又是问题的解决者；既是工作的对象，又是工作的资源。因此，做任何工作都要高度重视人的因素，在以"能人治理"为特色的社团中就更是如此。"学生干部"和"社团骨干"泾渭分明，前者一般仅指在共青团、学生会、班级等组织中任职的学生，而后者是没有"干部"身份的，在培养培训、奖励激励等方面都不能一概而论。

随着教育教学改革的不断深化，校园生态日益多元化，人们对各方面优秀人才的认识和评价趋于均等化，"学生干部"与"社团骨干"的价值与贡献都得到了尊重和认可，从而融合成了"学生骨干"的新概念。像重视学生干部一样重视社团骨干，在许多高校已经形成了广泛的共识。

加强体育社团骨干培养，光转变观念、消除歧视是远远不够的。特别是"不拘一格降人才"之后，"学生骨干"的涵盖面更广，但内在的差异性也更大。尽管不同类型的"学生骨干"在素质能力提升上有许多共性需求，但不可否认的是，不同的组织、不同的岗位、不同的层级还是会带来许多不同的个性需求。因此，构建社团骨干培养体制，一方面要在满足共性需求的学生骨干培养体系中为体育社团骨干保留一席之地；另一方面还要针对体育社团骨干的需求特点，为其量身定做一些针对性、实用性更强的培训计划，只有这样，才能打造出一支综合素质过硬、业务能力突出的优秀社团骨干队伍。

（三）完善社团制度约束机制

1. 社团内部的制度约束

（1）制定好社团章程，对社团的性质、宗旨、任务、会员的权利和义务、领导机构及职责分工等加以明确规定，奠定社团存在与发展的制度基础。

（2）根据实际需要建立健全社团管理和运行所必要的实体性和程序性规范，使社团组织和活动健康有序。

（3）强化社团内部的民主参与和民主监督，保障各项规章落到实处，保护社团成员的合法权益，防止社团负责人专断和失范。

（4）社团管理部门要对社团的内部制度约束给予积极的指导与帮助，比如，推荐社团章程和各项制度的范本，接受社团成员的举报和投诉，及时纠正违规行为。

2. 社团外部的制度约束

社团外部的制度约束，就是要根据社团管理和运行中的普遍性问题，提出制度化的解决方案，既要注重"组织管理"，又要注重"行为管理"。在组织管理方面，主要包括社团的建立、退出、考核、奖惩等机制；在行为管理方面，主要包括活动审批、财务管理、设备借用、租借场地、宣传广告等内容。由于外部制度约束常常具有校纪校规的性质，执行主体又是学校社团管理部门，因此往往比内部制度约束更具有强制性和威慑力，因而在社团管理中的重要性更为突出。

(四) 建立社团经费保障机制

目前，大学生社团体育活动经费主要靠会员的会费和企业赞助，而学校的支持较少，各体育社团活动经费的不足不仅是困扰社团负责人的问题，同样也是困扰社团管理部门的问题。也就是说，目前各高校投入体育社团工作的资源总量与社团工作的实际需求相比普遍存在着较大差距。尽管募集资金、整合资源是从事社团工作最具有锻炼价值的技能之一，但是，如果把过多的精力耗费在这些方面，不仅会影响社团负责人对社团本身的关注和投入，进而影响到社团活动的品质，而且容易滋长社团的功利化和过度社会化倾向，并可能导致失控的危险。

因此，学校通过固定拨款、专项经费等形式给体育社团提供相对合理和稳定的保障，能有效地避免社团的组织退化和负责人的精力外流，使他们能较为安心和专心地做好真正喜欢和需要的社团工作。

第四章　运动训练的原理体系

第一节　运动训练的基础认知

一、运动训练的特性

(一) 目标专一, 训练任务多样

运动训练以创造优异的运动成绩为目的, 因此训练目标非常专一, 安排的训练项目、内容都具有专门性。随着现代竞技运动的快速发展, 比赛竞争也越来越激烈, 要求运动员各种能力都要有所突破, 不断刷新成绩。因此, 不但要开展全面训练, 并且要在此基础上依据运动专项的特殊要求, 在不同训练阶段采用各种手段开展专项训练。运动训练强调专门性, 但也不排斥有利于专项运动能力提高的其他项目的训练内容和手段。实际上, 很多运动训练项目之间都相互借鉴、参考有利于自身的方法。因此, 运动项目、内容的专门性不仅是指专项本身, 也是从运动训练目的和可能性上来讲的。

虽然运动训练有明显的专项的专一性, 但具体训练任务方面却是多样的。有的运动训练项目不但要开展各种体能训练, 还要开展技术训练; 不但要开展战术训练, 还要开展心理素质训练。这些任务既有训练因素方面的训练任务, 也有非训练因素方面的训练任务。

(二) 内容复杂, 训练方法多样

运动训练功能和任务是多样的, 训练过程是复杂的, 而运动训练内容也表现出复杂的特点, 这就要求不断探索更多的训练方法、手段, 并在此过程中进行科学合理的优选。现代运动训练的基本手段是开展身体练习, 而只有进行各种身体练习才有可能提高运动能力。

在具体的训练实践中, 既要根据不同任务选择运用最有效的手段和方法以提高训练的效果, 又要采用多种手段、方法达到同一目的, 从而提高运动员的兴趣, 使运动员能主

动、自觉、积极地进行训练。

(三) 过程长期，严密计划保证

运动员肌体的生物节奏变化是周而复始、循环往复的，运动竞赛安排也具有周期性的特点，按一定的动态节奏，循环往复、逐步提高地安排训练内容和负荷量度，因此运动训练的过程也是长期的。运动员只有经过长期的系统训练，才有可能产生良好的训练适应。

从本质上讲，运动能力提高的过程是运动员肌体对训练刺激产生适应并由量变到质变的过程。在运动训练中，没有长时间量的积累，就不会有质的变化和提高。由于在长期训练过程中受多种因素的影响，需要以科学严密的训练计划做保证，把计划安排的长期性与阶段性紧密结合起来。

(四) 训练计划科学，具有针对性

现代训练的科学化水平越来越高，其科学性主要体现在运动训练的计划中，教练员、运动员实施训练以训练计划为依据，没有计划的训练，不过是一种盲目散漫的训练；但是有计划而安排不科学，也难以达到最高的训练成效。

运动训练在很大程度上是个人的训练过程，优异运动成绩的取得，与运动员的天赋才能、运动素质的发展、技术与战术的掌握、心理素质的优劣以及文化素养的高低有密切的关系。而这些基本能力又存在很大的个体差异，并在一定程度上可以相互补偿。只有针对性强的训练刺激，才会最大限度地挖掘和发挥运动员的潜力，提高运动员的训练水平。

在一些集体对抗项目，如篮球、足球、排球的训练中，由于位置和分工的不同，也要实施一定程度的个别训练。但要注意的是，针对性并不是否认群体训练中特定的训练过程和时间，练习形式、内容、方法安排上的一致性。

(五) 效果有表现性，表现方式有差异性

运动训练的效果和最终目的，主要是运动成绩的提升以及对身体健康的促进。训练的效果以及通过训练提高的运动技术水平和成绩都需要通过比赛来表现。在正式比赛中表现出来，才会得到社会的认可。在比赛中不能表现出训练中最高成绩水平的运动员，就不是一个真正优秀的运动员。因此，在日常训练中要加强对运动员比赛能力的培养，以力争将平日的训练成果在重大比赛中以优异的运动成绩表现出来。在运动训练的过程中既要着眼于竞技能力的提高，又要根据长期、近期参加比赛的安排，进行科学的训练。

运动成绩要通过一定方式表现，但运动项目比赛方式不同，所以运动成绩的表现方式也各不相同，有的用功率指标表现，有的用比分表现，也有的用评分方式表现。这些表现

形式都有十分严格的规则和制约条件，否则即便是在正式比赛中表现出来的也不一定能得到承认。

二、运动训练的影响因素

（一）运动员自身因素

1. 运动员的身体素质因素

良好的身体素质是运动员从事任何一个身体活动的基本素质，同时也是其参加竞技体育运动的基础素质。身体素质能在很大程度上影响运动员的运动能力。一般情况下，竞技体育运动都需要运动员具备较高的身体素质，特别是在选材的过程中，对运动员的形体发展有着非常高的要求。

运动员选材的主要目的在于充分挖掘并利用运动员天生的体育运动潜力，相比于"经验筛选""自然淘汰"等经验选材，能在很大程度上降低时间、人力、物力、财力等方面的成本，能有效降低淘汰率，提高选材成功率。很明显，运动员本身所具有的身体素质是选材过程中需要考虑的首要因素。

运动员的身体素质水平也会随着其运动技能水平的提升得到相应的提高，而身体素质的提高又能为运动员运动技能的发展提供良好的基础。因此，运动员的身体素质与运动技能之间是相辅相成、相互影响的关系，在运动训练中，二者都非常重要，缺一不可。

运动员的身体素质包含很多种，不同的身体素质在很大限度上影响运动员的运动技能，但是站在技能形成的生理依据上看，人的身体素质主要包括协调素质、柔韧素质、力量素质、平衡素质、灵敏素质和速度素质等。

良好的体能是运动员的基本运动能力，而运动员的体能素质发展状况主要决定于其身体形态、身体功能以及运动素质的发展状况。其中，身体形态指的是人体外部与内部的形态特征。能反映机体外部形态特征的指标主要包括高度、长度、围度、宽度、充实度等，高度主要包括身高、坐高、足弓高等，长度主要包括腿长、臂长、手长、头长、颈长、足长等，围度主要包括胸围、臂围、腿围、腰围、臀围等，宽度主要包括肩宽、髋宽等，充实度主要包括体重、皮质厚度等。能反映机体内部形态特征的指标主要包括心脏纵横径、肌肉的形状与横断面等。我们在日常生活中，能看到不同的人在体型上存在着较大的差异，人的体型一般与其所具有的某些能力有着密切的关联。例如，一个身材壮硕且高大的人，一般有着较好的力量素质，但是并不适合参加短跑、长跑等项目；一个身材瘦小的人一般在铅球、赛艇、足球等项目中缺乏足够的优势。

2. 运动员的心理能力因素

运动员的心理能力指的是与其运动训练、运动比赛相关的个性心理特征，同时也包括运动训练与比赛中所需要具备的对自我心理活动进行调整的能力。

运动员的心理能力在运动训练中发挥着非常重要的作用，众所周知，相对于抑制质、胆汁质的人，多血质、黏液质的人更加适合参加运动训练，而且在体育运动比赛中也通常有着较好的表现。观察力强的运动员，通常在比赛中善于利用各种时机。而想象力丰富的运动员通常表现出更加明显的创新精神。在射击、射箭、弓弩项目中，运动员的心理能力则发挥着更加显著的作用，对其总体竞技能力、竞赛结构等都有着非常大的影响。

在运动训练与比赛中，运动员既要消耗大量的体力，同时又要消耗巨大的心理能量，体育运动竞赛不只是运动员体能素质、技能水平和战术运用方面的较量，同时也是心理能力方面的较量。

良好的心理能力能显著增强运动训练的效果，当运动员拥有良好的心理能力时，其通常会有以下几方面的表现。

（1）拥有稳定的心理状态。运动员的心理状态能集中反映运动员当前的心理活动情况，能对运动员的运动训练效果产生非常直接的影响，在运动员运动训练、体育运动比赛中发挥非常重要的作用。

（2）拥有足够的自信心。自信心是运动员在训练和竞赛中完成动作的基础心理能力。

（3）拥有足够的心理调控能力。当运动员拥有良好的心理调控能力时，说明其已经具备比较成熟的自我发展意识。运动员对自我心理的调控主要体现在自我意识的控制。

3. 运动员的运动智能因素

运动智能是运动员总体竞技能力的重要组成部分，涉及多方面的学科知识，包括体育学科知识，同时也包含运动训练能力以及运动竞赛能力。现代运动训练与竞赛对运动员的智能水平有着更高的要求，甚至在某些情况下，运动员的智能水平直接决定了其比赛的成败。当运动员拥有较高的运动智能水平时，其往往能对体育运动的专项特点与规律、运动训练理论与方法等形成更加深刻的认识，并且能更加熟练地掌握体育运动技术与运动技巧等。而且在运动训练中，也能更加准确地理解教练员的意图，并能积极自觉地配合教练员，高效地完成训练计划与训练任务，进而实现自身总体竞技能力的显著提升。

不仅如此，当运动员拥有较高的运动智能水平时，通常能合理利用各种先进的运动技术，以快速熟练地掌握运动技巧，同时也能更加准确地理解运动战术的精髓，并将战术灵活运用于竞赛中。

（二）教练员素质因素

教练员在运动训练中发挥着非常重要的主导作用，教练员的工作能在很大程度上影响运动员运动训练水平的提高。这已经成为人们的共识。在运动训练中，教练员的身体素质、心理素质、社会文化素质等因素都会直接影响运动训练的过程和结果。

1. 教练员的身体素质因素

良好的身体素质是人们从事生产生活活动的基础素质。良好的身体素质不仅对运动员极其重要，同时也对教练员非常重要，对其生活水平与工作效率的提升都至关重要。教练员的工作并不是单纯的脑力劳动，也需要利用自身的体能，同样也是一种体力劳动。教练员除了要为运动员的训练制订计划之外，还需要亲自参与其中。教练员的工作比较特殊，除了需要具备一定的专业知识之外，还需要具备良好的身体素质，这也是教练员的基本要求，也是教练员在训练过程中的综合表现。教练员具有良好的身体素质，不仅能在运动中充分发挥自身的优势，同时也能适应多种运动要求，更好地开展训练工作。

2. 教练员的心理素质因素

对教练员而言，良好的心理素质也是必不可少的基本素质。心理素质能直接影响教练员在运动训练与比赛过程中的心理状况，只有当教练员具备良好的心理素质，才能帮助、引导运动员在比赛中保持稳定的情绪，并在训练中保持高度的积极主动性。

教练员的心理素质也会对运动员的训练情况、比赛中的表现产生直接的影响。在运动训练过程中，拥有良好心理素质的教练员，往往能有效增强整个队伍的凝聚力，也能帮助运动员在比赛中获得更好的成绩。良好的心理素质也能帮助教练员对整个队伍的训练情况进行高度关注，做到仔细地观察每一个运动员的表现，对每个运动员的优势与不足进行分析了解，并根据不同运动员的具体情况进行针对性训练，从而为每个运动员量身制作相应的训练计划，如此一来，有利于进一步提升运动员的技能水平。

与此同时，拥有良好心理素质的教练员，往往能积极主动地与运动员进行沟通交流，拉近彼此之间的心理距离，与运动员保持高度的默契，能有效培养运动员持之以恒、奋勇拼搏的精神。教练员能做到随时观察、了解运动员的心理变化，并采用相应的激励措施，充分调动运动员参加运动训练的积极性，也能帮助运动员调整情绪，避免运动员产生过于暴躁或者低落等不良情绪，使运动员能始终保持稳定的情绪，引导运动员在不同的比赛条件下，很好地控制自身的情绪，能冷静、灵活地应对各种突发情况，能快速找到各种问题的解决方法。

3. 教练员的业务素质因素

（1）课堂教学能力。教练员课堂教学基本能力集中表现在以下七方面。

第一，熟悉教材。教师要熟悉教材，理解教材，做到因材施教。教练员上课不可能手捧教案和教材，必须具有把所授教材烂熟于心并熟练传授的能力。

第二，熟悉运动员。教师要充分地了解运动员，熟悉运动员，做到因人施教。教练员应该具有迅速熟悉运动员情况，分期分批记住运动员姓名，了解运动员学习态度和运动技术技能掌握现状，以及两头冒尖运动员的基本状态的能力。

第三，熟悉教学方法。教师应具备熟悉的体育教学方法和手段，并有在课程教学实际中熟练运用的能力。

第四，熟悉组织教学方法。组织教学是体育课堂教学的核心，任何好的教学方法都需要通过教师的组织手段来实现。教师应具备根据教学的需要和运动员的实际情况，采用相应的组织教学方法有效地组织运动员练习基本功。

第五，体育示范能力。技术动作示范是教练员必须具备的基本能力。教练员做专业技术动作示范时，不但要能进行完整技术动作示范，而且能做分解技术动作的示范；不但要做正确动作的示范，而且要做错误动作示范，技术动作的示范要做得惟妙惟肖。

第六，灵活运用的能力。教练员应该具备善于观察运动员在学习过程中出现的各种情况，及时灵活地运用教材、教学方法和组织教学手段，使运动员在单位时间内获取更多的信息，掌握技术技能，提高学习效果的能力。

第七，师生交流与互动能力。体育教学活动涉及教与学的两个方面，需要师生之间有广泛的接触与交流。教师在与运动员互动活动中，需了解运动员，改进方法，寻求运动员的配合；运动员需理解教师，跟随教师的教学思维循序渐进地从事练习，这样，有助于增强师生感情，提高教学效果。

（2）组织活动能力。学校体育竞赛活动是运动员从事业余体育锻炼的主要活动形式之一，在这些活动中，教练员是主要的组织者和指导者，应该具备组织运动员进行体育竞赛活动的能力，善于制定竞赛规程、绘制竞赛表格、召集会议、培训裁判、布置比赛场地和器材、组织练习和比赛等。不但能利用竞赛活动对运动员进行体育文化的传播，向运动员传授参加比赛的技能和技巧，同时能向运动员灌输"公平、公正、公开"的竞赛原则，培养运动员正确的胜负观，并能及时妥善地解决比赛中发生的纠纷，使运动员体育竞赛活动健康发展。

（3）业余训练能力。业余训练是学校体育课程教学的基本活动之一，应包括校代表队和体育俱乐部的训练两个方面。学校体育代表队是学校体育的窗口，每个学校都需要有构建体育窗口的意识，教练员就是这个窗口的建造者和主角。教练员作为校代表队的教练，应该具备带队、训练、比赛的能力，能选材组队、制订训练计划、参与代表队管理、实施训练、研究对手、带队比赛等。在训练的过程中，教练员除训练比赛外，还应该积极与运动员所在院系保持经常的联系，对他们的思想作风、生活起居、学习成绩进行严格的管理和指导，使运动员能顺利完成学业和训练比赛的双重任务。对运动员凭兴趣爱好组建的体育俱乐部，教练员应给予辅导、训练，提高运动员的运动水平。

（三）训练方面因素

训练方面的影响因素主要包括训练理论指导、训练的系统性安排这两个方面，具体如下。

第一，训练理论指导。在科学技术高速发展、生活节奏加快的现代社会中，任何一个体育项目的发展，都需要以相关的理论研究为支撑。随着高水平训练的出现，运动训练中开始产生各种更加复杂的新问题。无论是哪种体育运动项目，只有进行科学的训练，在科学的理论指导下才能获得更加显著的效果。

第二，训练的系统性安排。由于现代运动训练具有周期性特点，因此当前的运动训练需要进行系统性安排。站在系统科学的角度上看，运动训练实际上就是一个系统的工程，因此，可以利用工程原理来对运动训练工程结构进行构建。

第二节　运动训练的基本原则

运动训练的基本原则既是运动训练过程客观规律的反映，也是运动训练实践普遍经验的概括与总结。因此，运动训练基本原则也是运动训练过程中所必须遵循的基本准则。运动训练基本原则只有在揭示其特殊规律性的基础上才能产生，而绝非人们的主观臆造，更不是某一运动项目训练的个案经验。它是对各运动项目训练具有普遍指导意义的客观规律的总结。

一、全面发展原则

全面发展原则是指在发展专项运动技能的前提下，根据专项的特点、运动员的训练水平和不同训练过程的目的和任务，全面地优化、设计和最大限度地发展运动员的各项运动素质。

（一）全面发展原则的依据

1. 全面发展运动素质与全面提高身体功能能力

在运动训练过程中，构成训练水平的身体训练水平、技术训练水平、战术训练水平、智能训练水平和心理训练水平是相互联系、相互促进和相互制约的，并始终处于一种动态平衡状态。某一方面的提高，会对其他方面提出新的要求，随即这种暂时的平衡状态就被打破，又建立起新的平衡，从而使原有的训练水平向新的高度转化。如此循环往复，不断地建立新的平衡。相反，如果某一方面没有得到应有的发展和提高，甚至出现衰退，其他方面的水平也将难以进一步发展，从而使训练水平量整体性下降。运动训练就是要促使这五个方面协调地不断提高。

现代高水平运动竞赛的日趋激烈使人们认识到，运动员要想单纯依靠竞技能力某一方面的特点在世界大赛中取胜已越来越困难了。不同的项目对运动员的竞技能力也有不同的要求，当代高水平运动员们在努力保持和提高专项竞技能力的同时，朝着整体和全面提高竞技能力的方向发展，在训练过程中对构成竞技能力的诸方面进行全面训练。

2. 人体器官系统的全面发展

人的有机体是一个统一的整体，各器官、系统及其功能之间存在着密切的联系，它们之间既互相促进，又互相制约。而运动员所表现出的运动成绩又是机体各器官、系统、功能综合作用的结果。若长期对某一器官系统进行单一的训练，则会造成机体能力发展的不平衡，从而会制约专项成绩的进一步提高。只有通过全面的训练才能扬长补短，保证专项竞技能力和专项成绩的进一步提高。

3. 贯彻运动训练的规律，提高身体素质

运动训练的累积效应、相对稳定性，以及阶段性规律等是形成竞技能力长期训练适应性结果的必然条件。因此，可以说全面贯彻运动训练的基本规律是取得全面训练良好结果的必然条件。

各运动素质的发展是相互影响、相互制约的。运动素质和运动技能的转移需要一定的基础条件，专项运动素质和技能的提高也需要建立在良好的一般运动素质的基础之上。

训练过程中，若能围绕专项能力的需要，利用对专项能力中有良好转移关系的一般竞技能力的训练，排除具有不良转移关系的其他竞技能力的训练，将更有利于专项运动成绩的提高。

（二）全面发展原则的要求

第一，全面理解专项训练，重视专项训练的科学安排。专项训练绝非仅仅是专项技、战术训练，专项素质训练、专项心理和智力训练等也都属于专项训练的范畴。所以，既要注意训练安排的全面性，又要注意训练安排的科学性。

第二，根据多年不同训练阶段来确定训练的侧重点。在早期启蒙训练和早期专门化训

练阶段主要应进行全面训练；在早期专项化训练阶段开始后，全面训练内容则大大减少，转而以一般训练为主、专项训练为辅；在专项提高阶段开始以后，转向以专项训练为主、一般训练为辅，不再强调全面训练；进入专项高水平训练阶段后，专项训练将占整个训练的 80% 左右。

第三，选择全面训练、一般训练与专项训练的最佳方法与手段，并突出重点。全面不等于多多益善，更不等于华而不实。要全面提高与专项素质有关的功能水平，同时，注意选择那些实效性最强、最符合专项需要的方法与手段。

第四，安排好全面训练、一般训练和专项训练在各训练过程中的合理比例。通常，这一比例关系基本上以正交曲线形式进行变化。一般表现规律是：随着训练水平的提高，专项训练比重逐渐加大。

二、系统性原则

系统性原则是指从初期训练到取得优异运动成绩，直至运动寿命终结的长期训练过程中，都应按照一定的顺序，不间断地进行训练。

(一) 系统性原则的依据

第一，身体训练贯穿于运动员个体运动训练的全过程，为使运动员有机体在身体形态、功能等方面能围绕各自项目的内在规律产生一系列良好的适应性变化，必须经过一个在数量上由少到多、质量上由低级到高级的渐进与累积的过程。只有系统地、不间断地进行身体训练，与较高运动水平相适应的功能状态和良好的适应性才能得到巩固和不断提高。

第二，各运动项目运动员身体素质的发展，都有其自身的体系和内在联系。运动员个体的成长过程也有其特有的发展规律。应根据各项目运动素质自身的体系及这一体系在运动员成长过程中的内在联系，按照一定的顺序和比例进行统筹安排，循序渐进地发展运动员的各项运动素质，才能达到预期的训练效果。

第三，各运动项目的技术、战术，以及运动员运动素质的发展，都有各自的体系和内在联系，它反映了各运动项目由低到高、由易到难、由简到繁的发展规律，也反映了人对客观事物认识过程的规律性。如果一名篮球运动员在尚未掌握传、接球技术的情况下，即要求他与同伴进行战术配合，这是无法完成的，也是不符合人的认识规律的；同样，当一名田径短跑运动员的下肢力量发展水平不高时，是不可能达到增大步长的技术要求的。只有按照项目内在的发展规律顺序去安排运动训练全过程，才能取得预期的训练效果。

第四，训练课会引起有机体系统的功能性变化，这种变化具有可还原性。也就是说，训练课给有机体带来的变化，其中一部分在课程一结束后就开始"平息"（快速恢复初始功能水平的过程）。而其他部分，经过改造，持续更长的时间（恢复和部分超量恢复生物能量物质及完成可塑性的组织改造），但随着时间的延长也会逐渐"平息"，并且可以完全消失。如果不再从事能引起类似变化的训练课，那么，在几天的时间里，已经获得的训练效果就会出现退步。因而，必须通过训练课来保证活动能力、训练程度、准备程度的进步性变化，或者最低限度地保持它们已经达到的水平。

为此，必须采用一系列训练课来保障它们一定效应不间断的衔接，也就是在它们之间不允许出现不利于进步的间歇，以致阻碍结合（叠加）能导致发展的效应或破坏已经达到的叠加效应。

第五，有机体功能水平的提高和运动素质的发展，也是长期训练的结果。运动训练过程中负荷的设计与恢复方法的选择与安排，应当确保技术、战术、功能和运动素质得到发展。无论是训练课还是训练的小周期、中周期甚至是大周期，训练既可以在运动员充分恢复的状态下开始重复，亦可以在运动员处于未完全恢复的状态下开始重复；切不可在运动员各功能水平处于反适应性衰退（亦即消退）的状态下才开始重复。之所以造成反适应性衰退，主要是由于缺乏系统的训练安排和较长时间中断训练所造成的。

技术、战术的生疏，功能、素质的消退有一定的规律性，力量素质的消长即表明了这一规律：当经过一段时间的训练、力量得到显著增长后，若因故中断了力量素质的训练，已经增长了的力量将会按获得力量增长所花费时间的1/3速率进行反适应性衰退。因而，训练必须是系统的、不间断的。

（二）系统性原则的要求

第一，合理安排好训练课及各周期之间的衔接，减小反适应性衰退的负面影响。为使每次训练课，每个训练小周期、中周期、大周期的训练有机地联系起来，并在原有水平上逐步提高，达到在训练效应长期积累的情况下创造最佳运动成绩的目标，必须使运动训练的过程不中断、不割裂，以保证运动训练过程的连续性。

第二，把握好训练内容及手段之间的内在联系。对训练内容和手段的选择，一般来说，都应按照由易到难、由简到繁、由浅入深、由已知到未知的顺序进行安排。这里所说的难、易、简、繁、浅、深都是相对而言的。由于运动员个体的训练水平、运动项目本身的发展状况、训练设备和条件的不同，某些内容可以跳跃式地安排。但是，面对一些要达到高水平运动成绩的关键技术动作，首先应分别掌握高质量的分解技术动作，然后才有可能突破高难度的技术动作。总之，运动训练过程各个时期和阶段具体训练任务的提出，应遵循循序渐进的原则，切不可违背各项目自身发展的规律而盲目冒进。

第三，衔接好各级训练的组织形式。目前，我国已制定了十几个项目的教学与训练大纲，较为详尽地规定了各年龄组教学训练的任务、内容、次数、时间以及考核评定的内容、方法和指标。各基层单位的教练员都应以运动员的发展为本，认真钻研教学与训练大纲，贯彻大纲所规定的全部内容，优化训练过程，努力使各级训练衔接起来，力求以最小的训练投入，获得最大的训练效益。

第四，采取有力措施，防止运动员伤病的发生。运动员伤病是训练系统完整性的天敌。伤病的发生会使运动训练过程出现中断，严重的伤病还会影响训练系统的完整性和不间断性，使训练难以达到预期的目标，甚至导致运动员运动生涯的终结。因此，运动员伤病问题应引起教练员的高度重视，采取有效措施，建立以预防为主的方针，并根据伤病的产生机理，防患于未然。一旦发生伤病，应予以积极治疗。

三、周期性原则

周期性原则指运动训练过程应按一定的训练节奏，并按周而复始、循环往复和逐步提高要求的方式安排训练。根据现代运动训练的实践，训练过程的周期是按时间跨度进行分类的，通常分为多年周期、大周期、中周期、小周期以及训练课五种类型，并依此制订各种不同的训练计划。

第一，多年周期。优秀运动员的训练多以每4年举行一次的全运会和奥运会为目标，确定4年为一个多年周期，更长些也可以两届全运会或奥运会8年的时间为多年周期，还可依据本项目的世界锦标赛举办的周期，确定多年周期。如世界乒乓球锦标赛每两年举行一届，就可以两年为一个多年周期。多年训练计划就根据多年周期制订。

第二，大周期。一个完整的大周期无论其时间跨度的长短，都应包括准备期、比赛期、过渡期（亦即休整期）。大周期时间的长短，不同运动项目、不同水平的运动员均不相同。在1个年度中少则1~2个，多则3个以上。

第三，中周期。中周期在训练实践中又称为阶段训练，一个中周期的持续时间有较大的弹性，可安排4~18周，并依此制订中周期或阶段训练计划。

第四，小周期。小周期在训练实践中亦称为"周训练"，通常以自然周7天时间为一个训练小周期，与生活、学习、工作和休息制度对应，并依此制订周训练计划。但一个小周期并非7天不可，而应根据训练实际的需要，可以缩短，也可以延长，持续时间既可以是3~4天，也可以是7~10天不等。

第五，训练课。训练课是周期的基本单元，其时限可根据项目特点和具体训练任务的不同，从1.5~4小时不等，以此制订课的训练计划，亦称训练课时计划或教案。

（一）周期性原则的依据

周期性作为不断重复的生命活动过程的共同特性，必然也表现在竞技运动中，而且其表现的形式也特别鲜明。通常，这一形式完整的综合表现是通过周期性重复运动竞赛和运动训练周期来反映的。从周期性原则的提出并经过长期运动训练实践检验的结果证明，它的依据符合运动训练本身内在的规律，从不同的角度去认识，可以归纳为以下方面。

第一，运动员有机体自身各竞技能力是呈生物节奏变化的。

第二，运动员有机体竞技状态的形成与发展是呈周期性变化的。

第三，符合运动负荷与恢复交互安排的基本规律。

第四，训练适应性的形成规律是呈周期性变化的。

第五，重大比赛的日程约束了训练的安排周期。

第六，人文社会环境条件（学习、工作、生活）等周期性规律，是约束运动训练过程的外部条件。

第七，自然环境条件（气候、季节）等周期性变化规律，一定程度上约束了人的训练过程。

（二）贯彻周期性原则的基本要求

第一，在解决运动训练中使用的各种手段和方法是否符合其内在规律的问题时，应当顾及它们是否符合训练过程的各个时相、阶段和时期的特点。因为任何训练手段和方法，要是使用的时间和地点不正确，都会失去其本身的作用。

第二，安排运动训练时，应当从系统地重复训练内容的各个成分的角度出发，同时按照周期性改造训练过程的规律性所要求的那样，循序渐进地改变训练的内容。

第三，把各训练周期看成一个整体层次周期之间的内在联系和相互衔接。应当从运动训练过程周期性的逻辑来看待训练过程的任何一个部分。小周期的结构在很大程度上取决于它在中周期结构中的地位。而中周期的结构，一方面取决于组成其小周期的特点，另一方面则取决于中周期在针对保障运动员对重要比赛达到最佳准备程度的大周期中的地位。

第四，周期训练的基本规律是应保持具体时间、结构和内容，方法与手段以及负荷等方面的安排的相对稳定。但是，各周期的安排却并非每次循环往复时都一成不变，而是应当根据具体情况，因人而异地加以改变和调节。

第五，应围绕竞技状态形成与发展的规律来确定大周期训练和比赛过程的一般秩序，要把训练时期的期限与参加比赛的时间对应起来，以便保证运动员针对重大比赛而形成最佳的准备程度。同时，参加其他所有的比赛都要服从于大周期各个时期的特点。

第六，由于影响周期划分与安排的内外因素很多，因此必须综合各方面的因素加以全面考虑，不能只从某个单一的因素去考虑。在考虑的因素中，要较多地注意具有周期性变化规律的因素。

四、适宜负荷、适时恢复原则

适宜负荷、适时恢复原则就是在训练过程中，根据训练对象的具体情况及任务，遵循人体功能训练适应的基本规律，以大负荷为核心，优化训练过程，坚持长期、系统和有节奏地设计和安排运动负荷。

（一）贯彻适宜负荷、适时恢复原则的主要依据

第一，训练适应性原理。长期的运动训练实践会使运动员出现稳定的训练适应性，大负荷训练可以产生最高水平的训练适应性，但过大、过猛、不讲节奏的训练，也会因超过人的生理极限而无法产生更高水平的训练适应性。短期或短时训练也可以提高运动员的训练适应性水平和应激能力，但不够稳定。

第二，生物节奏原理和竞技状态的最佳调控原理。只有将负荷与生物节奏和竞技状态的形成与发展规律相吻合，并依照周期性规律有节奏性地安排负荷才能取得最佳的训练效益。

第三，负荷与恢复以及超量负荷与超量恢复的一般原理。只有重视恢复才能更大程度地提高负荷，只有不断提高刺激水平，才能产生更高水平的超量恢复（超量恢复仅限在一定范围内产生作用）。而只有出现超量恢复，才能更进一步地提高负荷水平。

第四，负荷与竞技能力、运动成绩之间的相关关系。一个运动员承受负荷的能力在一定程度上反映了他的训练水平，决定了他的可发展空间。比赛成绩实际上反映了运动员承受极限负荷的能力，运动负荷必须始终与个人的竞技能力及负荷能力保持相对应的关系。

（二）贯彻适宜负荷、适时恢复原则的基本要求

第一，通过观察和测试，深入了解运动员在训练过程中的极限负荷能力，并以此为依据，合理地安排大负荷训练。

第二，高度重视个体化训练，充分了解运动员的个体特点并根据运动员的个体特点，有针对性地设计符合个体特点的训练计划。

第三，高度重视并注意处理好训练负荷的量和强度与训练总负荷之间的关系，防止过度训练的出现。

第四，注意不同运动项目，不同训练内容、手段的负荷特点，设计好训练负荷的量度

与节奏。

第五，根据不同训练对象、不同训练任务、不同功能水平，选择相应的安排负荷节奏的方式。

第六，处理好负荷与恢复的关系，高度重视负荷后的恢复。应将恢复意识，提高到与运动训练同等重要的高度来认识。有条件时应实行医务监督。

第七，采取有效的措施，加强对疲劳的控制与监督，其中包括教练员监督与运动员自我监督。

第三节 运动训练的科学管理

一、运动训练的管理原理

（一）人本原理

人本原理就是在管理中做到以人为本。在管理系统中，管理的最终目的就是不断地满足人们的物质需要和精神需要，实现人的全面发展。在管理中，人不仅是管理的主体，同时也是管理客体中最主要的因素，各项管理措施和管理手段的运用，首先是作用于人，再通过人来发挥其能动作用，最终协调与其他管理要素的关系。人本原理就是对一切管理活动均应以调动人的积极性，做好人的工作为根本的规律的概括。

（二）效益原理

现代管理的根本目的是创造最佳的社会经济效益，任何管理都要以取得效益为目标是效益原理的实质所在。因此，为创造更大的社会经济效益，管理的各个环节、各项工作，都要紧紧围绕提高社会经济效益这个中心，科学、节省、有效地使用有限的人力、财力、物力、智力和时间信息等资源，这也就是效益原理的含义。这一原理贯穿于管理的全过程，比如，运动训练管理的目的是提高优秀运动员的利用率和训练的成功率，以期用尽可能少的经费投入和物质消耗培养出更多的优秀运动员。

（三）系统原理

现代管理的系统原理是运用系统理论对管理对象进行细致的系统分析，以实现现代科学管理的优化目标。我们知道，任何管理对象都是一个特定的系统，管理系统的各要素不是孤立的、静止的，而是根据整体目标的要求，按一定的结构动态地组合在一起的，这是现代管理系统原理的理论基础。

系统原理是以系统理论中的整体效应观点为理论依据的，该观点认为：因为系统的诸要素经过合理的排列组合后，构成新的有机整体，具有其要素在孤立状态中所没有的新质（新的功能、特性、行为等），产生了放大的功能，也就是产生了"1+1>2"的效果。所以，系统的整体功能之和可以大于各要素的孤立状态之和。至于所说的放大功能，功能的放大程度与系统的规模成正比，即系统的规模越大，结构越复杂，放大的功能就可能越大。科学的管理则是功能能否放大的决定因素。

（四）动态原理

动态原理是指在管理活动中，注意把握管理对象的变化情况，不断调节各个环节，以实现整体目标规律的概括。计划、组织、控制、协调等各个环节必须不断变化，因为人、财、物、时间、信息等管理对象处于不断变化、发展的过程中，只有动态地适应管理对象的变化，管理目标的实现才能得到保证。

二、运动训练的管理方法

（一）运动训练的基本管理方法

1. 行政方法

运动训练管理的行政方法是指在进行管理活动时，依靠各级运动训练管理机构和领导者的权力，运用行政手段，按照行政系统规范进行管理的方法。行政管理系统对各子系统进行调节与控制主要采用命令、指示、规定、指令性计划和职责条例等行政手段。由于行政方法是由上级发布命令，下级则要对上级服从，上下级之间有着非常清晰的关系。这就要求在运用行政方法上，上级对下级所下达的命令、指令或指令性计划等，一定要与本部门的实际和管理活动的规律相符合；更要求上级领导者，除了要有责有权外，还必须具有较好的领导素质，即有较高的理论政策水平和较强的组织管理能力。否则，管理的质量就会降低，管理的功效和目标的实现也会受到影响。

2. 经济方法

经济方法是依据客观经济规律的要求，运用经济手段，对各种不同经济主体利益之间的关系进行调节，以实现管理目标的方法。这里所说的经济手段包括宏观经济手段和微观经济手段，不同的经济手段在不同的领域中发挥各自不同的作用。宏观经济手段主要包括价格、税收、信贷等，微观经济手段主要包括工资、奖金、罚款、经济合同等。

在社会主义市场经济中，经济方法有着巨大的意义，它可以使运动训练管理的效能得到有效的提高，使体育管理中过去那种单纯依靠行政管理的做法得到克服，使运动员、教练员的积极性、创造性和主动性得到调动和激发，使运动训练这一特殊的社会劳动价值得到充分的尊重和体现，从而使管理的活力不断增强。

3. 宣传教育方法

通过宣传和教育等方式，使人们围绕共同目标采取行动的方法就是宣传教育方法。宣传教育方法的客观依据是人们对思想活动的发展规律的正确认识。

一方面，在运动训练管理系统中，为促进管理目标的实现，各项工作的进行都采用灌输、疏导和对比等教育工作方法，激发行政管理人员、教练员、运动员的工作和训练热情。

另一方面，宣传教育方法对其他管理方法的综合运用起着宣传、解释的优化作用。宣传教育方法是非常必要的，各种管理方法所具有的优点和缺点，如何兴利除弊、综合运用，如何适应现代运动训练管理的发展而不断完善等问题，都需要宣传教育方法发挥作用。运用宣传教育法，通过多种形式和途径向人们进行宣传、解释，使人们能正确认识、客观对待、灵活运用，管理方法才能发挥其作用，提高运动训练管理整体功效。

我国运动训练各级管理所应用的各种方法或者所制定的各种法规、方针、政策和规章制度等实施效果的好坏，都同宣传教育方法对其宣传、解释是否有力密切相关。

(二) 运动训练的现代管理方法

现代管理方法属于一个方法体系，它是指在现代管理中所运用的方法的总称。对现代管理方法，从理论上可以进行各种分类，如数量分析方法、信息系统管理方法、管理心理学方法等，这些现代管理方法已越来越广泛地应用到训练中来。

1. 数量分析法

一般来说，数量分析方法是指在一定的理论指导下，运用数学原理、数学公式、数学图形等，通过建立数学模型，并对模型进行计算和求解，从而为管理者提供满意的选择的一系列方法、技术的总称。它是以定量分析为主的管理方法。数量分析方法具有丰富的内容和众多相对独立的分支，一般由以下四个基本部分构成。

(1) 理论基础。数量分析方法的理论主要包括基本理论和方法论两大类，其中基本理论涉及哲学理论、经济理论和管理理论，方法论主要包括系统论、信息论、控制论以及现代数学理论。数量分析方法就是以上述诸多理论的有关思想为理论基础，从而对某种方法从什么目的出发，能解决什么问题，为什么能解决这样的问题，以及如何解决等基本问题进行回答。

（2）数学模型。几乎所有的数量分析方法都有自己不同的数学模型，这是因为数量分析方法对定量分析比较注重，其分析主要借助于数学模型来进行。对数量分析方法的数学模型来说，它既符合一定数学原理，又能对客观事物间复杂的数量联系有比较准确的反映。

（3）方法步骤。所有的数量分析方法都要有一定的步骤。步骤是对某种方法解决问题所必须遵循的一般程序的体现。违背了这些程序，这种方法的作用就不能发挥，问题也不会很好地得到解决。

（4）管理手段。数量分析方法中所运用的现代化的通信设备和计算工具就是管理手段。如前所述，运用数量分析方法，进行大量而复杂的计算是必要的，只有电子计算机才能胜任这种计算，而必须有现代化的通信设备和信息获取手段相配套，计算机才能得到运用，否则计算机的作用也不能得到充分发挥。为此，数量分析方法总是与现代化的管理手段相联系的。

2. 信息系统管理法

管理信息系统是一个由人和计算机等组成的能进行信息搜集、传递、存储、加工、维护和使用的系统。管理信息系统能从全局出发，辅助组织或其他机构进行决策，利用信息，控制机构的行为，并帮助实现规划目标。

信息管理系统有两个特征：一是以解决组织所面临的问题为基本目标。管理信息系统指定目标是组织面临的现实问题。它的目标是解决问题，对组织方方面面的信息集中存储、处理、分析做出决策。二是以数据库和数据处理技术为基础。现代化的数据存储理念是管理信息系统主要采用的理念，在此基础上优化整合数据，为各个部门访问所需要的数据提供便利，同时在分析处理数据时采用一定的数学方法以获取有用的信息；准备和提供同一格式的信息时，简化各种统计工作，降低信息成本至最低；对大量信息进行全面保存，并能很快地查询和统计综合，提供信息支持以便组织进行决策；处理信息时利用数学方法和各种模型，以期预测未来和科学地进行决策。

信息管理系统有两个作用：一是大大减轻组织管理人员的工作强度，节省人力和物力。在手工条件下，分类、登记和计算都是组织人员需要进行的工作，在实现信息化后，计算机可以自动完成计算、分类、存储等工作，而操作人员只需将原始记录输入计算机。不仅大量的重复计算由计算机完成，而且输入数据后所有的数据处理也可由计算机系统完成，人工方式的许多中间处理环节就可以避免，从而大大减轻了工作人员的工作强度。二是提高组织管理的工作效率。计算机进行数据的处理，其速度是人工方式的数量级倍数，将使组织经营信息的提供更加及时。组织单位内部网络的建立，使部门之间的工作衔接更加紧密，业务办理速度大大加快。

目前，运动训练信息管理系统已得到广泛的应用，在运动训练的科学化和提高训练水平方面，正在发挥着越来越大的作用。随着社会和时代的发展，一些传统训练思想和训练方法已跟不上时代发展的步伐，迫切地需要现代科学技术的支持，可以看出，现代科学技术在运动训练中将会发挥越来越重要的作用。

第五章 运动训练的理论与方法

第一节 运动训练方法的演进与启迪

一、运动训练方法的演进

在运动训练活动的发展过程中，尤其是在科学训练理论诞生之时，往往伴随着训练方法的创新。运动训练方法有着自己的产生、发展的规律，其演进也呈现出阶段性的特征。现代运动训练方法的发展经历了由简单到复杂、由单一到完整、由局部到综合的过程。"随着现代运动训练理论与实践的不断深入和竞技运动水平的不断提高，传统训练方法体系已发生了重大变化。与传统的运动训练方法经典理论、应用方式、使用功能和运用领域相比，现代运动训练方法内涵、操作方式、应用功能和领域得到广泛的拓展，从而构成了一个相互关联的运动训练方法总体系统。"[①] 具体来说，可分为以下四个发展阶段。

1. 简单练习手段阶段

简单练习手段阶段是运动训练的第一个阶段，这一阶段的竞技体育水平比较低，运动训练的过程是非正规的、自发的。所以，此阶段的运动训练方法是指运动项目中的练习手段，这些基本的练习手段是后续形成训练方法的重要基础。

2. 单一训练法阶段

单一训练法以第一个阶段的简单练习手段为基础，在此过程中，将这些简单的练习手段通过一定的联结方式组合在一起，最后形成完整的单一训练法。单一训练法主要包含技能、体能单一训练法和动作技能单一教学法，具体而言，包括重复训练法、变化训练法、直观法、语言法和分解法等，这些方法大部分都在这一阶段产生。

3. 综合训练法阶段

综合训练法阶段是指人们运用复杂的组合形式把现有的单一训练法组合成综合训练

---

①徐本力. 早期运动训练方法的优化理论：对早期训练科学化几个理论问题的再认识（之四）[J]. 山东体育学院学报，2002, 18（1）: 6.

法，这种训练法具有整体性，可以产生较大效益。这一阶段，产生了广为应用的循环训练法和组合训练法。

4. 模型化训练法阶段

在 20 世纪 60 年代末期，苏联优秀短跑运动员在世界上首次设计和运用了模型化训练法，取得了重大成功。此种训练方法以控制论的基本原理为依据，同时，在体育教学过程中，还形成了程序教学法。另外，还从心理训练中产生了心理模拟训练法，最终形成了相对科学、完整的现代化模型化训练方法，这让运动训练方法进入了新的发展阶段，该阶段以定量化的科学训练控制为基础，让现代训练方法发生质的变化。

总之，任何一种训练方法都不可能适用于任何运动员或任何运动队。它们可能对一个运动员（或运动队）有效，而对另一个运动员（或运动队）无效。因此，教练员在选用这些方法的同时，也要认真探索，促进运动训练方法的发展和完善。

此外，不同的项群和不同的项目都有自己独特的训练方法和发展过程。比如，具有周期性的跑项目，这一项目的训练方法经历了以下发展阶段：从 19 世纪 70 年代的持续训练法到 20 世纪 20 年代的重复法再到 20 世纪 40 年代的间歇训练法，最后到 20 世纪 60 年代的组合训练方法，不同阶段的训练方法具有不同的特色。

二、运动训练方法的启迪

随着现代科学技术的大量运用，运动训练，训练方法、手段也在不断地改革和发展。运动训练理论要通过具体的方法才能转化作用于运动训练的实践，而专项运动训练理论研究内容的发展与深化，以及运动训练方法的不断革新，则为专项训练实践注入生机。专项训练理论、方法发展的历史和现状，为专项运动训练方法的多途径发展提供了重要启示。具体来说，主要表现在以下四个方面。

1. 重视专项训练实践

像所有科学的理论与方法一样，专项运动训练方法也是从实践中产生、在实践中发展起来的。在专项训练方法形成的初级阶段，是从实践到认识，这是认识的第一个飞跃，这个飞跃将实践中获得的感性认识，上升为理性认识。这也可以成为专项训练方法的萌芽状态。

2. 重视训练理论指导

第一，专项训练理论。专项训练理论的初步形成，对它自身训练方法的深化和系统化起了很大的推动作用，相应地，专项训练方法的研究内容也越来越广、越深、越细，也推进了训练理论的发展。

第二，一般训练理论。一般训练理论是训练理论实践及理论发展到高级水平的必然产物，它的形成和发展又促进着运动训练实践和专项训练方法更进一步地提高和发展。从理论到实践的活动是理论的运用活动，主要表现为将一般理论设计为解决某一具体问题的特殊理论，或是设计行动方案的活动；运用科学理论设计训练方法的活动就是将科学理论特殊化、具体化的过程。

第三，项群训练理论。项群训练理论加强了运动训练理论与实践的联系，它的提出与建立，在一定程度上有助于使抽象出来的理论更能准确地反映同项群项目训练实践的内在规律，并且更便于对训练实践实施有效的指导，有力地推动了专项运动训练理论、方法与实践的发展。

3. 运用项间移植创新

近些年，由于运动训练理论与方法发展很快，变化较大，使完善专项运动训练的问题日益复杂，而项间移植则是其中的有效途径之一。它有助于运动训练的组织者和参与者拓展思路，开阔视野，掌握和创造更多训练的方法和手段，提高训练效果。

运动训练方法的项间移植是指将运动项目的训练方法移植到其他项目上。训练方法项间移植具有独特性，从专项运动训练方法的角度来看，具有较高的互补性、导向性，还具有创新性和高效的训练效果。

训练方法项间移植转换可以分为三种类型：第一种，模仿型移植，这种移植运动训练方法在移植的过程中不会有太大的改变；第二种，改进型移植，这种移植运动训练方法会发生较大的变化；第三种，发展型移植，这种移植运动训练方法是依据相关科学理论改进和创新形成。

以上三种运动训练方法项目移植具有不同的特征，具体而言，它们的独特性主要表现为三点：①改进型移植的主要特点是变通性、多样性和渗透性等。②模仿型移植的主要特点是实用性、反复性和相对性等。③发展型移植的主要特点是重复性、选择性等。上述三种运动训练方法项目移植的应用范围较广。

4. 注重应用多学科知识

在运动训练方法形成与发展的过程中，受到来自体育生物科学等多学科知识的启示而创新。运动训练学一直视体育生物科学为自己的重要基础与应用学科，运动训练学的许多基本原理源于体育生物科学的基本知识，运动训练过程和学科的科学化都可以在体育生物科学群中找到源头和基点。

人们利用体育生物科学的基本原理与理论提出新的选材、训练等的方法与技术，发明、创新、革新训练方法与技术，如根据肌肉受到刺激后其力量素质会发生改变的特点，创造了肌肉的电刺激训练法。多学科知识的启示创新训练方法就成为训练方法创新发展的方式之一。

第二节 模式训练法与程序训练法

一、模式训练法

模式训练法是一种规范性的控制方法，用于组织和引导运动训练过程，其特点是代表了高度标准化的目标模式。

（一）模式训练法的结构

模式训练法主要由四种构件组成，即目标模型、评定标准、检查手段和训练方法。其中，训练的目标模型为未来的运动训练过程提出特定的指标和体系；评定标准可以甄别训练模式和现实状态的差异性；检查手段可以采集现实状态下的运动训练的信息；训练方法即练习方法，主要依据训练模式的发展目标、评定结果和信息反馈形成。

在构建目标模型的过程中，应该先明确训练目标，也就是先明确训练对象、训练内容和训练水平等。另外，还需要明确影响训练目标竞技能力结构的重要因素，及时处理这些影响因素的指标和数据，进而形成量化的目标模型。

检查手段由检查项目、检查方式、检查工具三个要素组成。检查项目按训练内容分类，可分为功能、技能、素质、技术、战术、心理、智力等项目；检查工具按物理性质分类，可分为电测、机测、光测、磁测、化测等工具；检查方式则涉及群体、个体、环境等诸多因素。三者合成了检查评定的信息采集手段，为教练员提供运动训练现实状态的具体信息。

评定标准为教练员提供识别运动训练过程状态的依据。

训练方法则根据评定结果选用相应的实施模式训练以解决具体训练问题。

（二）模式训练法的特征

1. 信息化

在实施模式训练法的过程中，控制的重要依据是训练模型的指标体系，模式训练法的监督和检查工具是评定标准的指标体系。所有的发展和变化都应该在信息的控制下，进而及时纠正运动训练的偏差。

2. 定量化

在模式训练法中，训练模式和评定标准都具备定量特征。在实践的过程中，训练模型形成的指标和体系可以给将来的训练过程提供信息反馈。所以，训练过程都应该在数字化的控制下进行，这样可以给运动训练定量，进而有效控制训练过程。

(三) 模式训练法的优势

1. 模式训练法具有及时性

反馈体现了被控制系统对控制系统的反作用，是一种控制过程，是将部分输出反转内容当作新输入和改变新输出的内容。运动员可以根据新输入信息改善后续的训练动作。换言之，运动员训练一段时间之后，部分素质发生改变，但值得注意的是，这些变化的好坏、是否平衡，都取决于成熟的训练模式，只有明确自身的缺点，才能根据实际情况形成新信息，进而有效调控训练内容。所以，在模式训练中，完整的模式可以提供有效途径和方法监督、调控运动训练。良好的训练模式可以及时发现自身不足，进而有效改进训练内容和方法。

2. 模式训练法具有针对性

在运动训练的过程中，充分运用模式标准，根据定期测定找出运动员的实际水平，并将运动员的实际成绩和模式参数做比较，进而根据参数对比制订训练计划。在训练的过程中，应该重点提升运动员的薄弱部分，让运动员的水平不断提高。比如，在评定跳水运动员的综合水平时，运用标准评测模式进行评定，从中找到跳水运动员的不足之处，进而加强不足之处的训练，全面提升跳水运动员的专业水平。

3. 模式训练法具有可控性

训练过程是漫长的，需要经过长时间的打磨和练习，需要先确定运动员的运动方向，随后需要经过几个主要的训练阶段，包括启蒙、基础、发展和提高等。不同阶段的训练相互联系、相互制约，由此形成了运动员的成长过程。值得一提的是，模式训练的重要依据是在不同训练阶段，运动员的形态、素质和技术等重要指标，在训练的过程中，应该进行有效控制、有效反馈，进而形成科学、合理的训练模式。

4. 模式训练法具有预测性

事实上，预测运动成绩就是揭示运动成绩的发展规律和发展变化。运动员运动成绩的发展受运动成绩的组成系统及外部制约条件的影响，运动成绩的发展变化规律是诸多因素相互作用的结果。系统化的运动成绩具有复杂性，所以，在预测和研究运动成绩的过程中，应该充分考虑以下三点：第一，深入了解和掌握运动成绩的发展变化和历史资料，并充分理解和掌握运动成绩的发展规律。第二，对当前的运动成绩进行研究，全面分析运动成绩的各种动态，了解和掌握运动成绩的发展趋势。第三，准确把握运动成绩的未来发展趋势和发展变化，明确运动成绩的组成要素和结构，明确运动成绩的约束条件，进而掌握运动成绩的发展潜力。在模式训练中，模式的内容主要包括运动员的运动形态变化、运动功能和综合素养等指标，这也是预测运动成绩必须考虑的。所以，在预测运动员训练结果的过程中，应该运用科学、合理的模式训练法。

（四）模式训练法的步骤

模式训练法的操作步骤如下：

第一，分析影响运动竞技水平的各种因素，获取这些因素的指标参数。

第二，建立评估运动员竞技水平的因素结构模型；利用因素结构模型的评价标准数值，对运动员竞技水平变化的结构状态进行阶段性评估。

第三，将评估结果反馈到训练过程的各个环节，以确定产生偏离状态的原因，对相应环节进行组织和调整。

第四，改进训练工作，使训练的阶段结果逐渐接近目标模式。

这样，通过模式训练法的应用，可以更好地掌握和控制运动训练过程，以实现与目标模式的高度契合。

（五）模式训练法的应用

实际上，应用模式训练法的过程是闭环式的过程。在控制运动员竞技能力的发展方向的过程中，教练员应该运用正向的控制通道，并在训练的过程中结合科学、合理的训练模式和训练手段；通过反馈调控通道评定运动员的实际情况。在此过程中，根据实际情况制订训练计划，并制定合理的指导方案，经过闭环式控制训练之后，运动员的训练目标更加明确。

运用模式训练法需要经过以下两个步骤：第一步，依据检测项目的要求进行测验，按照评分标准和检测成绩评测分数，另外，在评等级的过程中运用综合性、适应性的计算方式，进而明确运动员的实际情况；第二步，依据训练模型明确下一个阶段的训练发展目标，随后，根据预定时间和检验要求检查模式训练法的结果，进而根据评分标准明确训练过程中的问题，最终进入新一轮训练阶段。

二、程序训练法

1. 程序训练法的界定

程序训练法是指根据训练的时序性及训练内容的系统性把多种形式的训练内容按照一定次序编制，编制成系统的训练程序，然后根据预定的程序组织开展训练活动，进而有效地控制训练过程的方法。

程序训练法的控制依据是训练程序。具体而言，训练程序是指把具有逻辑性的训练内容和具有时序性的训练过程充分融合，形成有序集合体。训练程序充分表达了训练过程和训练内容的内在逻辑性。通常情况下，训练内容的逻辑性和训练过程的清晰度，可以促进程序组织的有效实施。因此，实施程序训练法的必要条件是实施科学、合理的编制训练程序。

2. 程序训练法的结构

程序训练法主要由四种元素组成，即检查手段、训练程度、训练方法和评定标准。另外，不同元素的组成要素不同。不同的训练方法具有不同的结构方式，程序训练法、模式训练法最大的不同是控制依据不同，前者的依据是训练程序，后者的依据是训练模型。值得一提的是，两者存在相互呼应的内容，具体表现在程序训练法的训练手段、检查手段和组成特点等与模式训练法的一部分内容相呼应。以下内容主要陈述训练程序。

训练程序由训练内容、时间序列和联系形式三个要素组成，各要素的含义与特点如下。

训练内容是指编制训练程序要求将庞大、繁杂的训练内容按照系统分解成小训练内容单元，并将其编制出具有相关性、逻辑性特点的训练内容体系。例如，田径运动中跳高项目的技术训练是该项目整体训练内容中的一项内容，从动作结构角度来看，跳高技术训练内容可分解为若干基本环节，即准备、助跑、踏地、起跳、腾空、过杆、落地的训练内容，其中任何环节的训练内容都可视为一个小训练内容单元。而且，各基本环节的训练内容又可进一步分解，例如助跑环节，可分解为助跑距离、助跑弧线、助跑节奏、助跑速度、助跑重心等子因素的训练。

通常情况下，时间序列是指在训练的过程中，有机排序和衔接训练单位时间，在此过程中，需要把训练过程分解成时间段，进而把小训练内容融入特定的时空中，并根据特定的时间序列有机连接不同的训练内容。

联系形式指在特定时间范围内，运用不同的训练内容和衔接方式，抑或是在不同的时间范围内，运用不同的训练内容衔接。通常情况下，训练内容的联系方式主要包含两种，即直线联系方式和网络联系方式。在此基础上，形成两种训练程序，即直线训练程序、网络训练程序。两者各具特色，前者的突出特点是结构简单、操作简单、训练内容少；后者的突出特点是结构复杂、操作难、训练内容丰富。

3. 程序训练法的特征

首先，系统化。在实施程序训练法的过程中，训练的控制依据是训练程序的内容体系，它的监督工具和检查工具是评定标准的指标。另外，所有的训练过程都应该由系统控制。

其次，定性化。在实施程序训练法的过程中，训练程序具有鲜明性和定性化，这样可以方便教练员找到训练中的主要矛盾，进而明确训练目标和方向。

最后，程序化。在训练程序的过程中规划训练内容，所以从本质上来说，变更训练过程中的训练内容需要严格地检查、评定和监督，训练过程需要依据训练内容的内在联系，并有计划、有步骤地规划训练内容。

4. 程序训练法的应用

应用程序训练法的过程是闭环式的。在现代化的运动训练中，程序训练法的精髓是教练员运用训练程序和训练手段控制运动员竞争能力的发展目标和发展方向，并在此过程中运用正向控制通道；在了解运动员实际情况的过程中，教练员应该运用科学、合理的评定标准和检测手段，并结合反馈调控通道，进而修正指导方案，制定合理的训练程序和训练内容。经过多次闭环式控制之后，运动员的训练结果更加接近预定目标。

第三节　运动训练方法的具体实施

"在教学训练中能否科学地运用教学训练法，关系到教学训练活动的效果。"[①] 运动训练的基本操作方法主要包括完整、分解、重复、间歇、持续、变换、循环及比赛等训练法。

一、完整训练法

（一）完整训练法的界定

完整训练法是一种从技术动作到战术配合由起点至终点，不将各部位、各环节分开，达到整体的训练方式。使用完整训练法可以帮助运动员更好地全面把握技术动作和战术配

---

①高魁莲. 乒乓球传、帮、带训练模式初探 [J]. 沈阳体育学院学报，2002 (4)：26.

合，同时还能维持技术动作和战术配合的完整结构，以及各部分之间的内在联系。

（二）完整训练法的应用

完整训练法的应用较广泛，不仅可以用来训练某一单项动作，也可用来训练多种动作；不仅可以用来训练单人组合训练，还可以用来训练集体配合性动作。

在训练某一单项运动时，需要关注每个动作和每个环节之间的紧密联系，训练时要逐渐提升负荷强度，提升完整训练的水平。

在训练多种动作时，需要在单项动作熟练完成之后，格外重视把握多项动作之间的相互流畅性和连贯性。

在训练单人组合动作时，可以按照不同的目标制定相应的技术指标。在注重提高技术水平的同时，可以让运动员在整个技术过程中暂停训练，以便发现问题，加强记忆，重新训练以改善技术水平。在注重培养能完整地进行一系列动作参赛能力的同时，并不需要对每个动作的完成程度严格要求，而是要注重顺畅地、持续地示范整个系列动作。

在训练集体配合战术时，需要将一次协作的最后战术成效作为评估训练质量的依据，更加紧密地与实际需要相联系，以灵活的方式进行全面的战术训练。

二、分解训练法

（一）分解训练法的界定

所谓分解训练法，就是把一个整体的技术动作或者是一个整体的战术配合过程，经过合理地划分分成多个部分或环节，再根据这些部分和环节进行单独训练。采用这种方法，可以把重点放在特殊的训练内容上，强化重点技术动作、战术协调等方面，提高训练效果。在技术动作或战术配合过程较复杂、可予以分解的时候，而且使用完整的训练法也不容易被运动员直接掌握的时候，或者在技术动作、战术配合一些环节中要求进行较为详细的专项训练的时候，经常会使用分解训练法。

（二）分解训练法的应用

分解训练法的基本类型主要有四种，即单纯分解训练法、递进分解训练法、顺进分解训练法和逆进分解训练法。

1. 单纯分解训练法

应用单纯分解训练法，需首先把训练内容分成若干部分，分别学习、掌握各个部分或环节的内容，再综合各部分进行整体学习。这种方法在技术和战术的学习与训练中被广泛采用。分解训练法对练习的顺序并不刻意要求。例如，采用此法进行标枪技术的训练，可将整个标枪技术过程分解成三个部分，即持枪加速跑、最后交叉跑和挥臂投掷。训练进程是：可先训练持枪加速跑；掌握后再训练交叉跑；掌握后再训练原地挥臂投掷；也可先练习原地挥臂投掷，再练持枪加速跑，再练交叉跑。最后把三部分合起来进行完整训练。再如，采用此法进行排球快球掩护下的平拉开战术的训练，可将整个战术分解成四个部分，即接发球、快球掩护、传平拉开球和扣球。不论采用何种训练进程，应该先使运动员分别掌握这四种技术，再完整地进行快球掩护下的平拉开战术训练。

单纯分解训练法的应用特点是：分解的技术动作和战术配合相对复杂，分解后的各个部分可以单独训练。联系的顺序不必特别要求，便于教练安排训练。

2. 递进分解训练法

采用递进分解训练法需要将训练内容划分为几个阶段，即先将第一部分和第二部分分别逐个掌握，再把第一和第二部分结合起来集中训练，熟练之后就可以进行第三部分的训练，再之后就是把第一、第二和第三部分一起结合起来集中训练，就这样采用循序渐进、以递进式的方法训练，直至能完全熟练地运用技巧或战术。

递进分解训练法在各项训练环节顺序上虽没有特殊要求，却在相邻两个部分的训练连接处有指定要求。比如在标枪训练时采用递进式方法，它的训练步骤是：第一步先训练持枪快速奔跑，第二步训练交叉快速奔跑，之后把第一步和第二步结合起来集中训练，在以上两步完全掌握后开始第三步原地挥臂投掷训练，最后将三步训练结合起来进行完整的训练。

3. 顺进分解训练法

采用顺进分解训练法，将训练内容分为多个环节，首先对第一项内容进行训练，熟练之后把第一项和第二项内容结合训练，完全掌握之后再结合第三项内容同时训练，这样循序渐进，直到将技巧和战术全部掌握。比如，应用顺进分解方法训练标枪的过程是：对持枪加速跑进行第一步的训练；熟练之后将持枪加速跑和交叉跑同时训练，使之连贯起来形成整体动作；熟练之后再把持枪加速跑与挥臂投掷动作结合训练，直到把标枪技术全部掌握。顺进分解训练法对形成技术动作和战术配合过程的整体理念来说非常有利且便捷，并能历练出较好的战术意识和培养出很好的动力定型意识。

在采用顺进分解训练法时，特征是：可以有次序地、协调一致地进行内容进程和练技术动作、战术配合的训练；前面的训练内容可以被后面的训练内容所包含。

4. 逆进分解训练法

逆进分解训练和顺进分解训练是完全相反的训练方法，将训练内容分为多个环节，首先对最后一项内容进行训练，再逐步递进到最前面的训练内容，直到完完全全将技巧和战术全部掌握。比如，应用逆进分解方法来训练标枪技术的过程是：第一步进行挥臂投掷的训练，熟练之后将挥臂投掷和交叉步结合同步进行训练；熟练之后再把挥臂投掷交叉步和持枪加速跑结合起来进行整体训练，直到把标枪技术全部掌握。

在采用逆进分解方法时，特征是对内容进程和练技术动作、战术配合的训练过程完全相反；对技术和战术的训练以最后一项训练内容为主要环节，比如踢踹、扣杀、投掷等动作。

三、重复训练法

（一）重复训练法的界定

重复训练法是在同一项目训练的过程中，每两次训练过程中都要有比较充足的休息时间。在训练中，反复练习相同的动作，使运动条件反射得到持续强化，从而使运动员对技术动作更加熟练。在一定的负荷强度下，进行多重的、比较平稳的、反复的训练，可以促使人体迅速形成高度的适应机能，这对促进运动员的发展和体能的提升具有重要意义。影响重复训练法的要素为：一次运动负荷量、运动负荷强度和运动间歇时间。一般的休息方法有休息、散步、肌肉按摩等。

（二）重复训练法的应用

重复训练法可按照单次训练时间的长短分为三类：短时间重复训练、中时间重复训练以及长时间重复训练。

1. 短时间重复训练方法

短时间重复训练法一般适合于在磷酸盐系统中进行高爆发力、快速的运动技术和素质的训练。以各种体力为主导：速度性和力量性运动项目的技术与素质的训练；还有以各种技术为主导：表现性和对抗性运动项目的高、难、强技术的训练；相关的速度与力量素质的发展，都是以这种训练方式为主。比如，在排球比赛中，单人扣球技术或传（挡、推、截）球与扣（抽）球技术的结合动作的训练；田径项目的跨栏和跳高动作的训练；拳击项目中不同姿势的勾拳和直拳的训练；足球项目中对单点射门技术和传、接、投、掷（踢）技术的结合动作的训练；在表现性项群中，可以使用短时间重复训练法来进行多种基础技术动作，或者高难度技术动作的结合训练等。

在进行短时间重复训练法时，特征有：

（1）单次训练的负荷期不长，不超过 30 秒可完成，具有高强度负荷、快速度的动作、充足的休息时间、单项或多项组合动作的每个环节前后较稳定等特点。

（2）休息期间大多用肌肉按摩的方式来放松，这样可以加快机体功能的恢复，有效减少重复次数和组数。

（3）能有效提升在训练高负荷、高强度的单项技术或者组合技术动作时的技巧性、规范性、熟练性；在该类项目中，能帮助运动员的磷酸盐系统的储能能力及供能能力大幅提升；对运动员的爆发力和有关肌群的收缩速度有显著提升。

2. 中时间重复训练方法

中时间重复训练法一般适合于以糖酵解为能量来源的运动项目的技术、战术及素质等方面的训练。例如，在隔网性运动项目中，对强度一般的单个技术动作的重复训练，或者是以技术和战术相结合的技术动作来重复训练；在同场性运动项目中，高爆发力、快速度的单一技术动作的重复训练，或者是由此类技术动作为主，所组成的组合技术动作的重复训练；在格斗性运动项目中，每一个连续的格斗训练，或者是以该类技术动作为主，所组成的组合技术动作的训练都可以使用中时间重复训练法。

中时间重复训练法一般适合应用于运动员在学习、巩固训练中强度较低的运动技术上，适合于运动员了解并掌握局部配合的运动战术，也适合于以体能为主，并将竞赛成绩把控在 30 秒到 2 分钟的项目技术与质量的训练。在对这一类型项目进行训练时，还要辅以短、长时间的重复训练方法。

在进行中时间重复训练法时，特征有：

（1）单次训练的负荷时间比较长，需要 30~120 秒；主要项目竞赛的时间或竞赛距离要比负荷时间或负荷距离短一些；较大的负荷强度与负荷时间的关系是负相关性，运动员负荷心率要高于 180 次/分；单项训练动作的每个环节或者组合技术的基础结构需前后稳定。

（2）糖酵解供能系统是完成体能代谢的主要因素；要有充足的休息时间，休息期间可以用肌肉按摩的方式来放松，也可以慢跑深呼吸来缓解，这样可以快速消除身体内的乳酸；能帮助运动员的糖酵解供能系统的储能和供能能力大大提高，还能在以糖酵解供能为主要条件，提升力量耐力、速度耐力、技能主导类运动项目中多种技术相结合的熟练性、规范性、稳定性，还可以提高机体的耐乳酸能力。

3. 长时间重复训练方法

长时间重复训练法主要适合在有氧、无氧两者混合功能系统条件下，对运动战术、技术和素质等方面的基本训练。例如，以技能为主的运动类项目中，各种战术和技术的串联训练、连续攻防的对抗训练、组合技术的重复训练，还要对各种运动素质训练的单次负荷连续时间控制在 2~5 分钟等，这些都可以运用长时间重复训练法。这一方法还适合用于低难度、低负荷、高技巧的单项技术动作的训练，或者是难度系数较低的组合技术动作的训练，同样也适合以体能类为主的耐力性运动项目的技术与素质的训练，时间应把控在 2~5 分钟；还应辅以中时间重复训练或者是连续训练方法。

在进行长时间重复训练法时，特征有：

（1）单次训练的负荷时间会相对长些，需要 2~5 分钟；以技能为主的运动类技术动作的训练项目比较多，而且参加战术和技术训练的人员很多，增大了组织难度，在实际训练中会有较浓烈的竞赛氛围，同时增多了在战术防御和进攻过程转换的次数。

（2）主要竞赛时间或竞赛距离比负荷时间或负荷距离要短一些；负荷时间和强度的关系是负相关性。

（3）有氧与无氧两者的混合供能较为显著。完成单次训练后，必须有非常充足的休息时间，可以有效提升运动员的有氧和无氧混合代谢的能力，还可以有效促进该种状态下的力量耐力和速度，甚至对各项技术能熟练运用，且提高耐久性。

实践证明，要更高效地提高训练效果，就必须把长时间重复训练法与间歇训练法、持续训练法和变换训练法有机结合。

四、间歇训练法

（一）间歇训练法的优点

间歇训练法是指对多次练习时的间歇时间作出严格规定，使机体处于不完全恢复状态下，反复进行练习的训练方法。20 世纪 50 年代，德国心脏学家赖因德尔和教员倍施勒提出间歇训练理论，认为训练对心率达 170~180 次/分钟，间歇后到心率达 100~125 次/分钟时再进行训练，这样有利于增强心泵功能。因此，间歇训练法又被称为倍施勒—赖因德尔定律。该训练法的优点有以下三个方面。

第一，间歇训练可以使心率始终保持在最佳范围内，强化心泵功能。科学、合理的间歇训练，能有效地增强运动员的心脏功能，并通过调整运动负荷的强度使身体与相关运动项目相适应。

第二，不同类型的间歇训练能有效地促进糖酵解代谢、磷酸盐与糖酵解混合代谢、糖酵解与有氧代谢混合代谢以及有氧代谢的能力发展和提高。

第三，严格地控制间歇时间，有利于在激烈的比赛中帮助运动员稳定技术动作。此外，间歇训练中的高负荷心率训练，可以提高机体的缓冲乳酸能力，使运动员在面临高强度训练或比赛的情况下，仍然具备出色、持续的运动能力。

（二）间歇训练法的类型

间歇训练法的基本类型主要分为三种，具体如下。

1. 高强型间歇训练方法

高强型间歇训练方法是发展乳酸能系统的供能能力、磷酸盐与乳酸能混合代谢系统的供能能力的一种重要训练方法。高强型间歇训练时间小于 40 秒，心率 190 次/分钟恢复为 120～140 次/分钟，强度大，间歇很不充分，糖酵解供能为主的混合代谢供能。

2. 强化型间歇训练方法

强化型间歇训练方法是发展乳酸能代谢系统与有氧代谢系统混合供能能力以及心脏功能的一种重要训练方法。强化型间歇训练 A 型训练时间为 40～90 秒，心率 180 次/分钟恢复为 120～140 次/分钟，强度大，间歇不充分；B 型训练时间为 90～180 秒，心率 170 次/分钟恢复为 120～140 次/分钟，强度较大，间歇不充分，糖酵解供能为主的混合代谢供能。

3. 发展型间歇训练方法

发展型间歇训练方法是发展有氧代谢系统供能能力、有氧代谢下的运动强度以及心脏功能的一种重要训练方法。发展型间歇训练时间大于 5 分钟，心率 160 次/分钟恢复为 120 次/分钟，强度中等，间歇不充分。间歇方式均为走和轻跑，有氧代谢为主的混合代谢供能。

（三）间歇训练法的应用

1. 高强型间歇训练法的应用

高强型间歇训练方法不仅适用于体能主导类速度性和耐力性运动项群的素质、技术的训练，同时适用于技能主导类对抗性运动项群中的攻防技术或战术的练习。如同场性运动项群中连续跑动进行的攻防技术练习或连续跑动的人盯人防守技术的练习，隔网性运动项群中网前连续进行的攻防技术练习，格斗性运动项群中各种勾拳、直拳的组合练习或抱摔练习以及表现性运动项群中的各种组合练习都可以采用该方法进行。

主导技能性运动的训练方式重点是发展糖酵解和磷酸盐供能系统的能力，除此之外也是身体训练的可靠方法之一。对速度和耐力运动项目而言，高强型间歇训练方法是常用的训练方法。其特点主要表现在以下三个方面。

（1）单次练习负荷时间短，通常不超过 40 秒；负荷强度高，心率一般维持在 190/分；间歇时间不充分，以心率恢复为基础确定下一次练习的开始时间。

（2）练习的主要内容通常是单个或组合技术，动作结构大体稳定。

（3）能有效地提高运动员在磷酸盐和糖酵解供能状态下的速度耐力和力量耐力，并提升在糖酵解供能状态下运动员应用技巧和战术等的规范、稳定及熟练度。

2. 强化型间歇训练法的应用

强化型间歇训练方法适用于一切需要混合系统供能能力和良好心脏功能的竞技运动项目的技术、战术及素质的训练工作。该方法的练习动作或是单一结构的动作练习，或是各种负荷强度不同的技术动作的组合练习，或是某种战术形式的组合练习，或是多种战术混合运用的配合练习。例如，同场性运动项群中局部攻防战术的配合练习；格斗性运动项群中拳击的各种勾拳、直拳练习和摆拳与直拳的组合技术动作练习等都可以采用该方法进行。

表现性运动项群中的组合练习或成套技术动作的练习也可以采用该方法进行。强化型间歇训练方法对体能主导类速度耐力或力量耐力类运动项群意义重大，如 800 米、1500 米跑，200 米、400 米游泳，500 米划船等运动都广泛运用此方法进行训练。

强化型间歇训练方法的应用特点如下：

（1）对体能主导类运动项群来讲，一次练习的负荷时间略长于主项比赛时间（为 100~300 秒），负荷强度通常略低于主项比赛强度的 5%~10%，心率控制在 180 次/分钟或 170 次/分钟左右即可，间歇时间以心率下降至 120 次为开始下一次练习的确定依据，动作结构前后稳定。身体素质的训练亦是如此。

（2）针对技能型运动的训练方式，其中动作种类较多，负荷强度较高、时间长，同时力量耐力性质和速度耐力性质的负荷占比较大。可以将训练分为两种类型：A 型和 B 型。A 型强化型间歇训练有助于提高负荷强度较高的运动技术和战术运用，对糖酵解供能为主的供能能力和该供能状态下的力量耐力素质的提升有较大的帮助；B 型强化型间歇训练对负荷强度适中的运动技术和战术运用帮助更大，能帮助运动员提高有氧、无氧混合代谢系统的供能能力和次供能状态下的运动素质。

（3）强化型间歇训练对间歇时间的控制十分严格，在训练中所启用的代谢系统为糖酵解供能系统或以其为主的混合代谢。训练的次数要根据不同人的实际情况制定。这样的训练对运动员的糖酵解和混合代谢系统能力、肌肉群的速度耐力、肌群力量耐力、自身技术的稳定性都有很大的帮助，从而提升运动员对比赛的全方位适应能力。

3. 发展型间歇训练法的应用

发展型间歇训练方法适用于需要较高耐力素质的运动项群的训练工作。体能主导类耐力性项群运动运用此方法的最多。在技能主导类运动项群中，该方法通常运用于减少人数且比赛时间分解成阶段性的连续攻防训练的过程中。例如，足球运动中的三对三攻防转换练习可以采用此方法练习。格斗对抗性运动项群中的体能训练和一对二的轮番格斗训练也可以采用此方法进行。表现难美性运动项群中的各种低强度的技术动作所编排的组合练习和有氧健身也可以采用此方法进行练习。技能主导类项群中以发展有氧耐力为目的的身体素质的训练也常用此方法进行。

发展型间歇训练方法的应用特点是：一次练习的负荷时间较长，负荷时间至少应在5分钟，负荷强度控制在平均心率160次/分钟，一次持续练习的动作种类可以单一，亦可多元，供能以有氧代谢系统为主。

在实际训练过程中，为了提高耐力训练水平，教练员通常将发展型、强化型间歇训练同持续训练方法结合应用，根据负荷强度的分级标准进行训练。

五、持续训练法

（一）持续训练法的界定

持续训练法指的是负荷强度小、负荷时间长、连续不间断的训练方法。在进行持续性训练的过程中，平均心率范围应该为130～170次/分钟。该方法最主要的作用是帮助人体发展一般耐力素质，并适用于完善细致的技术动作，同时，由于负荷刺激时间较长，还能提高内脏器官的适应性和缓冲运动功能的稳定性。除此之外，持续训练法还可以提高有氧代谢系统的供能能力，同时为提高无氧代谢能力和无氧工作强度奠定坚实的基础。

（二）持续训练法的应用

持续训练法的三种基本类型可以根据训练时持续时间的长短来区分，包括短时间持续训练法、中时间持续训练法和长时间持续训练法。

1. 短时间持续训练法

短时间持续训练法广泛应用于体能主导类项目的运动素质训练中，也适用于技能主导类运动项群中动作强度较高的素质、技术和战术的训练工作。例如，同场性运动项群中接球、运球、传球、射门（投篮）等组合技术的攻防战术练习，可采用此方法进行训练。

短时间持续训练法的应用特点如下：

（1）一次持续练习的负荷时间相对较短（5～10分钟），负荷强度相对较高，平均心率负荷指标控制在170次/分钟。

（2）练习动作可以单一亦可多元；练习动作的组合可以固定亦可变异；练习过程不中断。

2. 中时间持续训练法

中时间持续训练法可适用于技能类运动项目，包括多种技术串联、攻防技术的特定对抗、全方位协作战术等，以及体能主导的耐力性运动项目的训练。中时间持续训练法主要包括两种经典的练习形式：一种是匀速持续训练，另一种为变速持续训练。

匀速持续训练最主要的目的是培养有氧代谢系统自身供能能力，是一种十分经典的训练方法。对不同的运动项目，训练方法所制定的负荷强度及时间略有不同。该方法最主要的特点在于，具有相对较低的运动强度和相对较小的负荷强度，训练过程中保持均匀、稳定、不中断的状态，负荷强度一般维持在 160 次/分钟左右的心率水平，整体来看体能消耗不大。而变速持续训练则有所不同，它最主要的目的是发展有氧和无氧代谢系统混合供能能力，具有一定的强制性。该方法最主要的特点在于，具有相对较高的运动强度，运动速度和负荷强度变化大，运动过程的中断较少，负荷强度一般维持在 150~170 次/分钟的心率水平，体能消耗较大。

中时间持续训练法的特点主要表现在以下三点。

（1）中时间持续训练法可用于各种技术单一或多元的训练，强度不大，负荷时间较长，主要以有氧代谢系统的供能为主。每组训练的持续负荷时间要保持在 10 分钟以上，心率应维持在 160 次/分钟左右。

（2）在体能主导类的项目中应用此方法的目的是发展耐力素质。在训练过程中应确保技术动作娴熟、战术明确，技术动作负荷搭配合理、持续不中断。

（3）中时间持续训练法可有效提高以有氧代谢系统供能为主的代谢能力和该供能状态下的运动强度，有利于提升专项耐力表现，对技术应用的稳定性和抗疲劳能力都有极大的帮助。

3. 长时间持续训练法

长时间持续性训练法适用于体能主导类的耐力性运动项目，可以直接应用此方法训练。该方法有三种变化形式，即匀速持续训练、变速持续训练和法莱克训练。

在技能主导类运动项目中，长时间持续训练法的应用领域相对狭窄。这是因为长时间持续训练法的主要作用是发展一般耐力，因此过度采用这一方法，不但对提高技能主导类运动项目成绩无益，甚至还可能起到相反的作用。因此，长时间持续训练法只能作为技能主导类运动项目中的辅助性练习方法。

六、变换训练法

（一）变换训练法的界定

变换训练的意思是变换练习形式、练习内容、运动负荷和条件，以提升运动员的适应性、趣味性、积极性和应变能力。针对竞赛过程的复杂性、技术的变化特点、对抗的激烈程度、运动技能的多样化、运动策略的变化性、神经系统的柔韧性等普遍特点提出了改变训练方法。借由改变训练负荷，可以让身体发生适应改变，以配合相关动作，增加对各种动作的耐受力。经过变化训练，可以对运动员不同的运动素质、战术、技术进行系统培训，并发展运动员的协调性，进而具备更接近于时间竞赛要求的多样化运动能力以及在实践中运用的应变能力。

（二）变换训练法的应用

依变换的内容可将变换训练法分为三种，即负荷变换训练法、内容变换训练法和形式变换训练法。

1. 负荷变换训练法

负荷变换训练法是一种功能独特的重要训练方法，不仅适用于身体训练，也适用于技、战术训练。在实践中，负荷的变换主要体现在负荷强度或负荷量的变换上。由于负荷强度与负荷量的变换具有四种不同搭配形式，因此，负荷变换的训练方式是多种多样的。负荷变换训练法主要有四种形式：①负荷强度与负荷量均保持恒定的搭配形式。②负荷强度恒定、负荷量变化的搭配形式。③负荷强度变化、负荷量恒定的搭配形式。④负荷强度与负荷量均有变化的搭配形式。

负荷变换训练法的应用特点是：降低负荷强度，有利于学习掌握运动技术；提高负荷强度和密度，可使机体适应比赛的需要。

2. 内容变换训练法

内容变换训练法是被普遍采用的以技术为导向的体育项目群的主要训练手段。一般而言，变换训练法适合于在技术领先的对抗型体育项目群中进行多种技术串联的练习，也适合于某些单一基础技术的多种转换练习，同样也适合于基础技术组合的转换练习以及适应于在一套战术体系中进行不同的变化训练。此方法还可用于全能型体育的技术动作的综合训练。而对具有功能优势的运动项目，在体能训练中使用更多的是内容变换的训练方式。

内容变换训练法在运用上的特征有：运动的形式可以是变化的，也可以是固定的，运动的负载特性与专业特征相一致，运动的变化次序与竞赛规则相一致，训练中的力量所达到特定的水平与专业要求相一致。

3. 形式变换训练法

形式变换训练法的应用体现在场地变化、方向变化、落点变化、路径变化、环境变化等方面。比如在隔网项目群中进行发球训练，只要负荷和动作大体相同，就能打出各种不同的前排、后排、直线、斜线的球。再比如在时间和空间意识上，训练地点的变化常常会导致技术优势型项目组的运动员适应有不同环境和空间的竞赛场地。所以，形式变换训练法在体育竞赛中很有意义，且是非常有效的训练方式。

形式变换训练法的运用特征为改变训练路径、环境、氛围、培训时间及培训方式。在不同的练习方式下，可以让不同的技术有较好的连贯性，给运动员带来新的激励，从而引发他们的训练激情，促进神经系统一直保持在较好的水平上，让运动员有更强的发挥欲，提升运动员的训练水准。

七、循环训练法

（一）循环训练法的界定

循环训练法是以训练的特定任务为依据，将练习技巧设定为多种练习站，然后让运动员按规定的次序和路径，依次完成每站练习任务的训练方法。采用循环训练法能达到累积负荷痕迹、激发训练情绪、交替刺激不同姿势的目的。循环训练运动的构成要素主要有：各站的排列次序、各站的运动内容、各站间的休息时间、每个循环间的休息时间、各站所承受的运动负荷、练习的场次和循环练习的组数。

通过对各级别运动员进行循环练习，他们在练习过程中的情感与主动性能得到很好的提升；可适当扩大，因人而异做到适当调整，差别对待；可预防局部负荷过大，延迟出现疲劳，对全身训练有益。在实训中，循环训练法以站为联系点，若在一个循环训练周期中，多个训练点之间存在一种不间断的连贯性，这些练习点的总称就是训练段。所以，在考量循环性训练的次序时，可根据不同情况选择训练站或训练段。

（二）循环训练法的类型

根据每组练习之间间歇的负荷特点，循环重复训练、循环间歇训练和循环连续训练，是循环训练法的三种基本训练方法，而三种循环训练法又划分为三种不同的组织形式，分别是流水式、轮换式和分配式。

流水式循环训练是指设立多个练习点后，由运动员以特定的次序，一站接着一站重复地进行单一训练能有效地、全方位地发展各种体育技能，并能锻炼运动员各部位和内脏。

轮换式循环训练是指将运动员分为多个小组，每一小组的运动员同时在不同的训练站练习，并根据规则按顺序交替训练站，能让运动员更好地集中发展某一运动功能和机体的某一部位，让身体的某些部位产生强烈反应。

分配式循环训练是指为运动员设立更多的训练站点，依据每位运动员不同的身体素质及训练情况，分配他们在指定的多个训练站点进行训练。

（三）循环训练法的应用

1. 循环重复训练法

循环重复训练法是根据重复训练法的需要，对每个站之间以及各组周期之间的间歇时间没有特别规定，保证身体得到基本休息，可以完全地进行每站或者每组循环练习的方法。它不仅适用于技术培训，而且适用于身体素质培训，是体育项目中普遍采用的方式。比如在篮球赛中，运球过人、以跑接球、急停跳投、抢断补篮等动作为练习点不断地反复训练，也可以把每个训练站两两结合，分成若干个相互连接的训练段进行轮换训练。

循环重复训练法的使用特征是：可以把各类练习设定为多个练习站，练习动作要熟练、标准，练习次序要与竞赛的具体情况相一致，间隔要充足。完成两组动作后要有一个较长的休息时间。

采用循环重复训练，旨在使高难度技术动作更趋规范，更趋熟练；增强进攻和防守时的对抗能力；把运动员的技术动作、身体素质与新陈代谢体系相结合，以达到全面提升的目的；进一步增强这类体育竞技中运动员体内的能量储存与供给；提高这类体育竞技中运动员相关肌肉的收缩力和爆发力。

2. 循环间歇训练法

根据间歇性训练的需要，循环间歇训练法专门确定各站及各组间的间歇时间，以保证身体在未充分休息的情况下训练的方式。这种方法经常被用来发展运动员的身体素质，还被用来协调素质、技术、战术之间的相互联系。

循环间歇训练法在实际运用中具有以下特征：将不同的运动设定成几个训练站，每一个训练站的负重时间不得小于 30 秒，且站际间歇性不足。两组周期之间的间隔可以是充足的，也可以是不足的。

循环间歇训练法旨在改善此类比赛中的能量供应，并使之与有氧代谢相结合；在此充能条件下，运动员的速度和力量可有效提升。

3. 循环持续训练法

循环持续训练法是指按照持续训练法的要求，各站和各组之间不安排间歇时间，用较长时间进行连续练习的方法。该法在竞技运动训练中的应用极其广泛。如将同场对抗性运动项目中的运球、传球、接球、投篮（射门）或跑步、接球、投篮（射门）或跑步、策应、传球、投篮（射门）等练习内容设定为练习站并编排成组合技术，进行 5~10 分钟的较高强度的循环持续训练，或在联合训练器上进行持续循环训练，都是循环持续训练法的具体应用。

循环持续训练法的应用特点如下：

（1）各练习站有机联系，各个练习的平均负荷强度相对较低，各组循环内各站之间无明显中断，一次循环的持续负荷时间至少应在8分钟，甚至更长。负荷强度高低交替搭配进行。

（2）循环之间的间歇时间可有也可无，循环组数相对较多。上下肢练习、前后部练习顺序的配置或集中安排或交替进行。组织方式可采用流水式或轮换式。

（3）运用此方法可提高运动员持久的对抗能力、运动员攻防技术的转换能力、疲劳状态下连续作战的能力以及有氧工作强度；提高有氧代谢系统供能的能力、有氧工作强度以及有氧代谢供能状态下的力量耐力。

八、比赛训练法

（一）比赛训练法的界定

比赛训练法就是按照竞赛的规定和方法，在模拟或真实严格的竞赛环境中，按照竞赛的要求训练。比赛训练方法是基于人与生俱来的表现意识和竞争意识、竞赛能力形成的基本规则和适应原则以及现代竞技运动的竞赛规则等多种要素而形成的训练方法。使用竞赛训练法可以帮助运动员更好、更全面地提升在专业比赛中所需要的体能、技能、战术、心理、智能各种竞技能力。

（二）比赛训练法的应用

依比赛的性质可将比赛训练法分为四种，即教学性比赛训练方法、检查性比赛训练方法、模拟性比赛训练方法和适应性比赛训练方法。

1. 教学性比赛训练方法

教学性比赛训练方法是指在训练条件下，根据教学的规律或原理、专项比赛的基本规则或部分规则，进行专项练习的训练方法。例如，运动队内部队员之间的对抗性教学比赛，不同运动队运动员之间的邀请性教学比赛，部分基本技术、战术的对抗性教学比赛等，都可视为是教学性比赛训练方法的应用。

教学性比赛训练方法的应用特点如下：

（1）可采用部分比赛规则进行局部配合的训练；比赛环境相对封闭，便于集中精力训练；比赛过程可以人为中断以便指导训练。

（2）运动员的心理压力小，利于正常发挥技术水平；可激发运动员的训练激情、提高运动负荷强度；系统提高运动技术衔接和串联的熟练程度。

（3）强化局部或整体配合的密切程度；协调发展不同训练程度运动员的竞技能力；激励运动员产生强烈的竞争意识，从而更好地挖掘运动员的潜力。

2. 检查性比赛训练方法

检查性比赛训练方法是严格依据竞赛规程，在模拟或真正的竞赛情况下，对竞赛前各环节的竞赛成绩进行检验的一种训练方式。检验竞赛法的应用面较宽，主要有：专项成绩、负荷能力、主要影响因素、训练水准和体育技能素质的检查性比赛等。检查性比赛是指在竞赛或相似竞赛环境中对运动员的训练品质进行检验，因而更容易出现问题。因此，只有经验丰富的教练才能使用这种方式进行训练。

检查性比赛训练方法有以下几点特征：

（1）利用全部或部分正式比赛规则来进行竞赛；竞赛环境可以是开放式也可以是封闭式。

（2）运动员所承受的心理压力大；利用检查设备来监控赛事情况。

（3）检查性比赛训练方法的优势在于：找出训练时存在的不足、检验运动员训练水平、发现训练竞赛中失利原因、给出问题解决方案、给予改善训练工作的反馈信息。

3. 模拟性比赛训练方法

所谓的模拟性比赛训练方法，就是在一定的训练条件下，通过模拟竞赛来模仿真实的竞赛情况，并根据正式的竞赛规则来训练。模拟性比赛训练方法是以技术为主的竞技体育项目群体中常用的竞赛训练法。例如，模拟比赛环境、模拟运动战术以及模拟技术动作等，以实际比赛为出发点，对运动员的实战能力进行有目的的训练。

在运用体育模拟竞赛训练时，该竞赛中各种不利条件的影响是考验运动员水平的关键，同时对提高运动员的竞技水平具有重要意义。由于竞赛现场存在诸如竞赛噪声、组织混乱、对手干扰、观众喧哗、裁判不公正、天气变化、赛程变化等，都会对运动员的情绪、竞技状态、竞技水平造成很大干扰。所以，有意识地运用模拟性比赛训练方法可以使运动员克服各种不利因素的影响，达到更好的比赛效果，同时可以帮助运动员逐渐形成心静、心定、心细的竞赛心态，为在重要的比赛中正常发挥运动技术打下良好的心理基础。

另外，应当特别注意认真培养或挑选"模拟对手"，以便针对性地提高运动员面对不同对手的实战能力。我国女子对抗性运动项群各个运动项目迅速发展的一个重要原因，就是通过借助运动水平较高的男子模拟对手的帮助，使女子运动员提高了比赛强度，获得了实战经验，为在重大比赛中取得优异运动成绩奠定了基础。

模拟性比赛训练方法的应用特点如下：

（1）比赛环境类似于真实比赛环境，按照比赛规则严格进行，模拟对手类似比赛对手。

（2）通过模拟性比赛可提高运动员科学训练的目的性；增强运动员对心理压力的承受性；检验教练员训练指导思想的正确性；加强训练的实战性和针对性；提高对真实比赛状况的预见性。

4. 适应性比赛训练方法

适应性比赛训练方法就是在竞赛实际情况下，尽可能迅速地使自己适应主要竞赛情况而采取的训练方法。适应性竞赛与模拟性竞赛的训练有区别：适应性竞赛以正规竞赛为背景，而模拟性竞赛以人为设定的比赛为背景。适应性比赛的训练方式有很多种，比如在大型赛事之前的邀请赛、对抗赛、表演赛和访问赛等都是适应训练方式的一种。

在适应赛开始之前必须制订一整套的赛前准备、赛中执行、赛中调整的计划。总的来说，赛前的训练方式能促进选手对重要赛事的心理状态的培养和发展；比赛中执行计划时，应充分发挥选手对比赛中不利因素的预测和预防作用；赛中的调节方案，应该让运动员学会调节自己的负面情绪，并保持已有的良好心理状态，这样，就可以让运动员在适应比赛的过程中养成全面的、良好的竞赛素质。

适应竞赛方式的运用特征是：在大型竞赛开始前，根据竞赛规则，与真正的或相似的对手竞赛。以最快速度让各项竞技技能要素达到高品质的配比，激发出运动员强烈的竞争欲望，在重大赛事中发挥出最大的作用，达到与重要比赛相符的最佳竞技水平。

第六章 运动训练方法的项目实践

第一节 球类运动项目训练方法实践

在体育运动项目中,比较显著的一类就是球类运动,主要指的是一些运动项目的总称,包含足球运动项目、篮球运动项目、排球运动项目、乒乓球运动项目、羽毛球运动项目与网球运动项目等。作为综合性较强的一项体育运动项目,球类运动对参加者存在一定的要求,需要他们在具备良好基本运动能力的同时,如跑、跳、投等,还要对球类运动各项项目的专门技术与战术熟练地掌握并应用。

一、足球运动训练

(一) 传球

1. 脚内侧踢球技术

足球运动项目的练习者在传球开始之前,应该进行直线型助跑,在最后一步的时候,跨步要大。当支撑脚跨步向前进行支撑的时候,练习者的脚掌应该同地面之间保持一定的距离,同时保证落地支撑的积极、快速。当练习者的支撑脚落地的时候,先落地的应该是脚后跟,通过滚动式向前到全脚掌支撑过渡。此外,练习者需要注意的是,应该适当弯曲支撑腿的膝关节,使身体重心的稳定得到保持。

2. 脚背内侧踢球技术

斜线助跑,助跑方向与出球方向约成45°。助跑最后一步要大一些,一般应保持在本人跨一大步的距离较好。支撑脚落地时以脚跟及脚掌的外侧沿先着地,然后过渡到全脚掌。支撑脚脚尖指向出球方向,膝关节微屈支撑身体重心,上体略向支撑脚一侧倾斜并稍侧转体(支撑脚一侧的肩部稍向前,踢球脚一侧肩稍向后)。支撑脚与球的位置以支撑脚脚尖与球的前沿保持平齐较好,左右距离以支撑脚的内侧沿与球的外侧沿保持15~20厘米较好（不同骨盆宽度的人可以适当调整支撑脚与球的左右距离，但一般不要超过 25 厘米）。在支撑脚着地的同时踢球腿以髋关节为轴，大腿带动小腿由后向前摆动（大小腿折叠要紧），当踢球腿膝关节摆至球的内侧垂直上方时，小腿做爆发式前摆（大小腿突然打开），脚尖稍向外侧转，脚尖指向斜下方，脚背绷紧固定，以脚背内侧部位踢球的正中后部（踢高球时，可踢球的中下部）。踢球后身体重心随踢球腿的前摆向前移动。

3. 脚背正面踢球技术

直线助跑，最后一步要大一些，成跨步，支撑脚要积极跨步落地，以脚后跟先着地形成滚动式着地支撑。支撑脚的位置是左右距离为支撑脚的内侧沿与球的外侧沿距离在 10~15 厘米，一般不应超过 20 厘米。前后距离以支撑脚的脚尖与球的前沿保持平齐为好，过前过后都会影响踢球的效果。在支撑脚落地支撑的同时，踢球腿大腿带动小腿（大小腿折叠要紧）由后向前摆，当膝关节摆到球的垂直上方前的瞬间，大腿制动减速而小腿爆发式突然加速前摆，以脚背正面部位触踢球的正中后部位。踢球后自然向前跟出保持身体重心的平稳。

4. 脚背外侧踢球技术

踢平直球时，助跑、支撑位置与姿势、踢球腿的摆动基本与脚背正面踢球动作相同。只是用脚背外侧触踢球。在踢球腿的膝关节摆到球的垂直上方前的瞬间，小腿做爆发式前摆，小腿前摆时，脚尖向内转并向下指（踝关节内收并旋内），脚背绷紧，脚趾扣紧，以脚背外侧部位触击球的正中后部。踢球后身体随球向前自然移动，保持身体平衡。

（二）接球

此处对足球运动接球技术的分析，主要以脚背正面接空中球技术为例进行说明。

一种方法是支撑腿屈膝稳定支撑身体重心，支撑位置一般在球的侧后方适当位置。接球腿屈膝抬脚，踝关节保持适当紧张，以脚背正面正对来球，在球下落触到脚背的瞬间前接球，脚向下回撤将球在下撤过程中接在自己控制范围之内和下一个动作需要的位置上，并快速完成下一个连接动作。

另一种方法是接球脚基本不向上抬起，而是脚背向上勾起，踝关节保持中度紧张，在接近地面高度 5~10 厘米处触球，通过球下落的冲击力将勾起的接球脚背砸下去从而缓冲了球的力量，将球接控在自己下一个动作需要的控制范围之内，并快速完成下一个连接动作。

（三）运球

1. 脚内侧运球技术

在足球运动的运球技术中，最慢的一种就是脚内侧运球。所谓的脚内侧运球，主要是指在需要练习者用身体对球进行掩护的一些死角区域或者边线附近使用的足球运动项目运球方法。为了使对方队员不能抢走球，练习者应该通过侧身转体的姿势将对方的防守队员挤靠住。一般来讲，"之"字形的路线是通过脚内侧来完成的。

在足球运动项目脚内侧运动的过程中，稍微向前跨出支撑脚，在球的前侧方踏住，弯曲膝关节，前倾上体，做出侧身运球的状态，即向运球脚的一侧转体，提起运球脚，在对球的后中部进行推拨的时候使用脚内侧部位。

2. 脚背内侧运球技术

足球运动项目练习者在跑动的过程中，需要自然地放松身体，做出小一些的步幅，前倾上体，同时微微朝着运球的方向转动。练习者提起运球脚的时候，要稍微弯曲膝关节，提起脚跟，稍微向外转脚尖，在迈步向前的时候通过脚背内侧向前推拨球，在改变方向的时候，常常会使用脚背内侧运球技术，同时，通常来讲，运动的过程中经常会走出"之"字形路线。

3. 脚背正面运球技术

足球运动项目练习者在跑动的过程中，需要自然放松自己的身体，做出小一些的步幅，前倾上体。当练习者提起运球脚的时候，要弯曲膝关节，提起脚后跟，稍微向下指脚尖，同时，在迈步向前的时候通过脚背正面部位对球的后中部向前推拨。

足球运动项目的脚背正面运球技术的适用情况是：在快速跑动的过程中，由于前方存在较大纵深距离而必须进行突破或者快速运球的时候。

二、篮球运动训练

（一）移动

1. 起动

篮球运动项目开展过程中的起动，主要是指在球场中练习者的一种动作，即从静止状态向运动状态转变，同时，起动也能作为一种方法，促进位移初速度的获得。

在篮球运动项目开展过程中，起动的动作要领在于在动作开始前降低重心，前倾上体，双手手臂的肘部弯曲，在体侧自然垂直，后脚或者异侧脚的前脚掌的蹬地动作要用力，伴随手臂快速摆动的动作进行起动。

起动中比较容易出现的错误是：没有及时地移动重心，后脚的前脚掌或者是异侧脚没有做出充分的蹬地动作，存在较大的步幅。

对阵篮球运动中起动常见的错误，纠正的有效方法是，蹬地时快速用力，尚未向前倾上体，突然地摆动手臂起动，最开始的两步或者散步应该快速且步幅小。

2. 跑

在篮球运动项目开展的过程中，跑作为一种脚步动作，目的在于争取时间促进攻守任务的完成。一般来讲，在篮球运动项目的比赛活动中，主要有以下四种形式的跑。

（1）变向跑。如果方向的改变是由右边向左边时，最后一步应该通过右脚的前脚掌内侧做用力蹬地的动作，同时还要稍微内扣脚尖，屈膝迅速，之后左转腰部，向左前方前倾上体；对重心进行移动，向左前方跨出左脚，之后再快速地前进。

（2）变速跑。在篮球运动项目开展的过程中，一种练习者跑动时通过改变速度来促进攻守任务完成的方法就是变速跑。练习者从慢跑向快跑转变的时候，前倾上体，短促有力地用前脚掌向后蹬地，同时摆动手臂要迅速，在开始的两步或者三步的时候，应该使跑的频率得到加快。当练习者从快速跑向慢速跑转变的时候，需要抬起上体，加大步幅，用前脚掌同地面接触，使冲力得到减缓，进而使练习者跑步的速度得到降低。

（3）后退跑。在篮球运动项目开展的过程中，当练习者做后退跑动作的时候，需要交替地使用双脚的前脚掌蹬地且跑动向后，同时，还要挺直、放松上体，双手手臂的肘部弯曲同摆动相配合，使身体保持平衡，两只眼睛半视，对场上的情况进行观察。

（4）侧身跑。在篮球运动项目中，侧身跑的关键目的在于，当练习者跑向前方的时候，朝着跑动的方向将脚尖对准，同时将头部与上体向着球所在的方向转动，以便于对场上的情况进行观察。

3. 滑步

在篮球运动项目的防守移动中使用频率比较高的一种步法就是滑步。滑步对练习者身体平衡的保持是非常有利的，能移向任何一个方向。对滑步而言，一般可以将其分成三种类别：前滑步、后滑步、侧滑步，其中侧滑步也就是横滑步。

4. 急停

急停是队员在运动中突然停止的一种脚步动作，分跳步急停和跨步急停两种。

（1）跳步急停。在篮球运动项目的慢速移动与中速移动中，练习者的起跳可能会使用单脚，也可能会使用双脚，同时会稍微向后仰上体，两只脚要同时落向地面。在双脚落地的时候保持两腿膝盖的弯曲状态，且双手手臂肘部弯曲向外张开，使身体保持平衡。

（2）跨步急停。在篮球运动项目开展的过程中，如果快速移动的时候练习者需要急停，那么就需要跨一大步向前，后仰上体，后移重心，先着地的一定要用脚跟，然后向全脚掌抵住地面过渡，快速地弯曲膝盖。之后就可以进行第二步了，当双脚落地以后，稍微向内转脚尖，通过脚前脚掌内侧做出蹬地动作，弯曲双腿膝盖，使上体向侧稍微转动同时向前微倾，在双脚之间保持重心，双手手臂的肘部弯曲自然打开，使身体保持平衡。

5. 转身

转身作为一种篮球运动项目中的脚步动作，是以练习者的一只脚作为中轴，同时用力地将另外一只脚蹬地，旋转身体，进而使练习者的身体方向得到改变。在转身动作完成的过程中，身体重心向中枢脚转移，将脚提起，将前脚作为中轴，用力向下碾地的同时，移动脚步使劲蹬地，随着移动脚的转动，上体也要转动。需要注意的是，身体重心不能上下起伏，其转动需要沿着一个水平面。当练习者的转身动作完成以后，应使自身身体保持平衡，以促进同下一个动作之间的衔接。

通常来讲，我们会将转身分成两种，即前转身与后转身。所谓的前转身，主要指的是移动脚跨步转向中枢脚前方，进而使练习者的身体方向得到改变；而所谓的后转身，主要指的是移动脚撤步转向中枢脚，进而使身体方向得到改变。

（二）传、接球

在篮球运动项目中，比较重要的基本进攻技术之一就是传、接球技术。通常或经过多次及时、准确地传、接球才能实现一次成功的进攻，进而实现攻击时机的创造。

1. 双手胸前传球

双手胸前传球是比赛中最基本、最常用的传球方法，用这种方法传出的球快速有力，可在不同方向、不同距离中使用，而且便于和投篮、突破等动作结合运用。双手持球的方法是两手手指自然分开，拇指相对成"八"字形，用指根以上部位持球，手心空出。

2. 单手肩上传球

单手肩上传球是单手传球中一种最基本的方法。这种传球具有力量大、速度快的优点，常用于中、远距离传球。

（三）投篮

投篮是进攻队员为将球投向球篮而采用的各种专门动作的总称。

第一，原地单手肩上投篮，是现代篮球比赛中应用比较广泛的一种投篮方法。

第二，行进间单手肩上投篮，是在比赛中切入到篮下的一种投篮方法。

第三，行进间单手低手投篮，是在快速跑动中超越或在空中探身超越对手后的一种投篮方法。

第四，急停跳起单手肩上投篮，是具有突然性的一种投篮方法。球的出手点高，不易被防守。

动作要领：以右手投篮为例。快速向篮下运动，突然利用跳步或跨步急停起跳，同时两手持球上举；当身体达到或接近最高点时，右臂向前上方伸直，手腕前屈，食、中指拨球，通过指端将球投出。

（四）运球

运球是进攻技术中重要的基本技术，是组织全队进攻配合和突破防守的手段。

（五）防守技术

防守对手是防守队员合理地运用脚步移动和手臂动作积极地抢占有利位置，阻挠和破坏对手的进攻动作，并以争夺控球权为目的的行动。要达到上述目的，防守时必须积极主动、认真负责，综合地联系脚步移动、位置站法、手臂动作、防守姿势，以及抢、打断球技术等多项内容，同时还要对其有效地使用，以促进防守任务的更好完成。

（六）抢篮板球

在篮球运动项目开展的过程中，双方攻守时的争夺焦点就是篮板球，同时，它也直接决定了攻守的转换，可以说球权获得的主要途径就是对篮板球的抢夺。在所有的篮球运动项目比赛活动中，投篮命中率与抢夺篮板球次数相比较，后者比前者更加容易影响到比赛的最终输赢。因此，在现代篮球运动中，争夺主动、获得控制球权的主要根据就是篮板球的争夺，同时展示了个人的实力与全队的实力。如果能抢夺到进攻篮板球，那么就获得了明显优势，能增加进攻次数和篮下得分，并增加队员的信心；抢防守篮板球，不仅能控制球权，创造更多的快攻反击机会，而且会对进攻队员的投篮产生巨大的心理压力。教练员一般都很重视抢篮板球能力的训练和提高。

三、排球运动训练

（一）准备姿势和移动

排球运动项目的一项最基本的技术就是准备姿势和移动，这两项内容都是无球技术的展示，能作为重要的基础与前提，促进各项有球技术的完成。例如，传球技术、发球技术、点球技术、扣球技术与拦网技术等，同时，还能作为纽带，串联其各种有球技术运动。在排球运动项目中，其准备姿势同移动之间的关系是相辅相成的，准备姿势的目的是移动，可以说，如果想要实现快速移动，就必须先做好准备姿势。

1. 半蹲准备姿势

在排球运动项目中，最为基本的一种准备姿势，也是比较常见的准备姿势就是半蹲准备姿势。要求练习者两腿的膝盖微微弯曲，双脚抵地。

2. 移动

在排球运动项目中，移动的意义在于将球及时接好，同时将人和球之间的位置关系保持好，为击球动作做好准备。比较常见的有以下两种步法：

（1）交叉步。在排球运动项目开展的过程中，交叉步移动的基础和条件是来球同练习者的体侧存在 3 米左右的距离。交叉步移动具有步幅大、动作快的显著特点。如果使用向右侧交叉步时，需要稍微向右倾上体，在右脚前面，左脚交叉迈出一步，之后右脚跨出一大步向右边，同时使身体向来球方向转动，对击球之前的姿势进行保持。

（2）并步与滑步。在排球运动项目开展的过程中，如果练习者身体同球之间的距离是一步左右，那么就能使用并步移动。在移动进行的过程中，移动向前，前脚跨出一步向来球方向，后脚蹬地跟上。如果来球同练习者之间的距离较远，仅仅使用并步是不能向球接近的，这时可以使用快速的连续并步。连续并步也被称作滑步。

不仅如此，移动的步法除交叉步、并步、滑步外，还有跨步、跑步、跨跳步等。

（二）发球

在排球运动项目开展的过程中，所谓的发球主要是指在发球区域，练习者将自己抛起来的球用一只手向对方场区直接击入的动作。作为排球运动项目的一种基本技术，发球也是一种重要的进攻性技术，广泛地使用在排球比赛中。伴随排球运动的不断发展，也促进了其发球技术的持续创新与提高。

1. 正面下手发球

面对球网两脚前后开立，左脚在前，两膝微屈，上体稍前倾，重心偏于右脚，左手持球于腹前。发球时将球抛起在体前右侧，离手约 20 厘米高。抛球前，右臂伸直，以肩为轴向后摆动。击球时，右脚蹬地，随着右手向前摆动击球身体重心移至前脚上，在腹前以手掌击球的后下方。手触球时，手指手腕紧张，手成勺形。击球后，迅速进入场地。

2. 侧面下手发球

左肩朝向球网，两脚左右开立，与肩同宽。两膝微屈，上体前倾，重心落在两脚之间，左手持球于腹前。发球时，左手把球平稳抛送于胸前，距身体约一臂远。离手约 30 厘米高。抛球同时，右臂摆至右侧后下方，接着利用右脚蹬地向左转体的力量带动右臂向前上方摆动，在腹前用全掌击球的右下方。

3. 正面上手发飘球

击球前的动作与正面上手发球相同，只是抛球稍低、不旋转。挥臂时由后向前做直线加速挥摆，用掌根或半握拳击球的后下部，用力要突然、短促，使作用力通过球体中心，球在飞行中不旋转而产生飘晃。击球后手臂突停、下拖、突停回收或平砍等动作，可以发出不同性能的飘球。

（三）传球

传球是排球技术之一，是利用手指手腕的弹击将球传至一定目标的击球动作。传球是排球运动中的重要技术，是组织进攻战术的基础。

1. 正面传球

传球时拇指、食指和中指承担球的压力，其余手指触球两侧协助控制球。球触手的瞬间手指和手腕应保持一定的紧张程度，利用其弹力和伸臂与脚蹬地的协调力量传球。

2. 侧向传球

身体不转动，主要靠双臂向侧方伸展的传球动作叫侧传。侧传有一定的隐蔽性。准备姿势和迎球动作与正面传球相同，击球点保持在脸前或稍偏于出球方向一侧。一侧手臂要低一些，另一侧手臂要高一些。用力时，蹬地后上体要向出球方向倾斜。双臂向传出一侧用力伸展，异侧手臂动作幅度较大，伸展较快。

3. 跳传

跳起在空中传球叫跳传。跳传在当前的排球比赛中已被大量运用，有的优秀运动员甚至把跳传作为主要的传球方式，这是因为跳传的击球点较高，能有效地缩短传扣的时间间隔，保证快速进攻战术的实施。同时跳传还能与两次球进攻战术联系在一起，因此具有较大的迷惑性。

跳传的起跳动作无论是原地起跳还是助跑起跳，最好都要向上垂直起跳，保持好身体的平衡。当身体上升到最高点时，靠迅速伸臂以及加大指腕力量将球传出。跳传可以正传、背传和侧传，其传球手形、击球点分别与正传、背传、侧传的手形和击球点基本相同。

（四）垫球

垫球是排球基本技术之一，指的是通过手臂或身体其他部位的迎击动作使来球从垫击面上反弹出去的击球动作。

(五) 扣球

扣球指队员跳起在空中用一只手或手臂将本方场区上空高于球网上沿的球击入对方场区的一种击球方法。扣球是排球比赛中最积极最有效的进攻手段，是得分和得发球权的主要方法，扣球的成败，是完成全队战术配合、决定胜负的关键技术。

1. 正面扣球

在排球运动中，最基本的扣球技术是正面扣球，只有掌握正面扣球的基础动作，才能学习和掌握其他难度大的扣球技术。

2. 勾手扣球

在起跳后，左肩对网，通过转体动作，带动右臂向左上方挥动击球的一种方法。这种扣球适合于远网扣球或由后排调整过来的球。它可以扩大击球范围，并能弥补起跳过早或冲在球前起跳的缺陷。

3. 单脚起跳扣球

单脚起跳扣球是指助跑的最后一步以单脚踏地，另一只脚直接向前上方摆动帮助起跳的一种扣球方法。这种扣球在现代排球中由于各种冲跳扣球的大量采用，使其有了新的发展前景。

(六) 拦网

拦网是指在球网附近的队员，将手伸向高于球网上沿，阻挡对方击过来的球并触及球，是排球的基本技术之一。

1. 单人拦网

(1) 准备姿势。面对球网，两脚左右开立，约与肩同宽，距球网 30～40 厘米。两膝稍屈，屈肘置于胸前。

(2) 移动。为了及时对准扣球点，一般情况下采用与网平行的移动，常用的移动步法有并步、滑步、交叉步和跑步。

(3) 起跳。原地起跳时重心降低，两膝弯曲用力，同时两臂在体侧屈肘做划弧线摆动，使身体垂直起跳。起跳的时机应根据对方的扣球变化而有所不同，一般应比扣球队员起跳晚半拍，但拦快球时应与扣球者同时起跳。

(4) 空中击球。拦网时，两臂贴耳垂直，双肩上提，两手距离不能超过球的半径，并要尽量接近球的上空。拦网时手指自然张开，手腕略后仰，手指微屈，分开呈勺形，以便包住球。当手触球时，双肩上送，两手要突然紧张，手腕用力下压，盖住球的前上方，将球拦在对方场内。

（5）落地。拦网后要正面对网屈膝，缓冲落地。若未拦到或拦起球在本方时，则应在身体下落时向落球方向转体，便于后撤接应或反攻。

2. 集体拦网

集体拦网有双人拦网和三人拦网两种，集体拦网技术动作除要求具备个人拦网技术要求外，还应注意队员间的互相配合。

（1）集体拦网要确立以谁为主，密切协调配合。

（2）起跳时应避免互相冲撞或干扰。

（3）起跳后，手臂在空中既不要互相重叠，也不要间隔太大，以免造成拦击面小而漏球。

（4）身材高矮不同的队员要加强配合。

（5）身材高、弹跳力强或拦网好的队员，应排到拦网重要的 3 号区域，或对准对方的主攻者。

第二节　田径运动项目训练方法实践

一、走跑类运动训练

（一）走跑类运动的类型及其动作要求

1. 竞走运动

（1）竞走运动的技术动作结构的提高和完善，一定不能脱离"竞走定义"本身，并且要最大限度发挥腾空时间的作用，进而提升步长或者步频。

（2）竞走运动要借助直腿勾趾和脚跟着地这两个着地预先动作，在脚着地时，采取滚动式脚跟着地战术，较少制动动作，使步长进一步扩大。

（3）不出现肉眼可见的腾空动作，以及从前腿着地开始直到垂直位置，膝关节始终保持伸直，这是竞走技术在空间上的两个显著特征。

（4）提高步频与增加步长是竞走技术动作追求的目标，可以在确保步长一定的情况下提高步频，或者在确保步频一定的情况下增加步长，还可以在步长和步频均保持稳定的情况下提升持久性。

2. 短跑运动

（1）头部及躯体动作。双目向前直视，颈部和肩部要放松，上身保持直立或微微前倾。摆臂时，向前摆动的速度要有力，摆动速度和摆动幅度要大，同时牵拉肩部以脊柱为轴扭动。

（2）腿部摆动动作。跑动开始后，摆动腿在髋关节的力量牵动下有力前摆，同时带动腿部自然折叠。向上摆动中，大腿向上抬起到最高点时，大腿应该接近于与上身垂直。向下摆动时，大腿要有力向下压，使脚掌在身体重心投影点前方快速着地。脚着地瞬间，小腿与地面呈90°夹角，脚跟与地面尚有一段距离。随后，膝关节和踝关节进一步弯曲，脚跟向下压，为下一步快速向前移动身体重心和后蹬做好准备。

（3）后蹬动作。短跑的主要前移动力来自后蹬动作。后蹬动作包括伸展髋关节、膝关节和踝关节三个分解动作。蹬伸速度、程度以及方向是三个重要的技术指标，特别是蹬伸速度，是当代短跑技术追求的主要目标。蹬地时要最大限度借助蹬地的力量，以提高蹬伸的速度。

（4）跑动动作。后蹬动作和摆臂动作、摆腿动作要相互协调，前摆臂和摆腿时要注重速度，追求身体放松、步幅长、步频高的效果。

3. 中长跑运动

（1）手臂动作。肩部放松，大臂和小臂保持直角，手部半握拳，两臂以肩关节为轴有力进行摆动。前摆时，手臂微微向里，但不越过身体中线，向上摆动时手部低于下颌。后摆时，手臂微微向外，向下摆动至大臂和小臂之间的夹角略大于90°时为摆动最低点。

（2）上身动作。双目平视，颈部和肩部放松，头与躯干呈直线，上身保持正直或微微前倾。

（3）摆腿动作。摆腿动作紧接在后蹬动作之后。向上摆动时，膝关节放松，摆动腿用力前摆，同时带动大腿和小腿放松折叠。向下摆动时，大腿要用力向下压，小腿放松，自然地跟随摆动，前脚掌在身体重心投影点前方一脚长距离着地。之后膝关节和踝关节微微弯曲，迅速接续后蹬动作。

（4）后蹬动作。当身体的重心越过身体支撑点的垂直平面时，向前用力送出髋关节，同时迅速伸展髋关节、膝关节及踝关节。

（5）弯道动作。弯道跑时，身体向内自然倾斜。右膝关节和右脚微微向内转，左膝关节和左脚微微向外转。右臂摆动时稍向前，摆动幅度偏大；左臂摆动时稍向后，摆动幅度偏小。

（6）中长跑运动的呼吸动作。跑动时要使用口部和鼻部共同呼吸，同时呼吸动作要与腿部动作相协调，具有一定的节奏。

（7）中长跑运动的整体动作。全身各部位要相互配合，协调一致，在步长相对稳定的条件下适当提高步频。

4. 跨栏跑运动

（1）起跑至第一栏技术。

第一，起跑至第一栏的技术要领与短跑技术要领相比差别不大。一方面是起跑后疾跑时，躯干与地面之间形成的夹角较大；另一方面是身体的重心略高。

第二，起跑至第一栏通常用8步。因此在步长一定的条件下，提高步频可以有效提高速度。

第三，起跑后，步长逐渐增加，至最后一步时，两腿的剪绞加速，起跨腿要有力着地，为起跨动作做好准备。

第四，进一步减少落地支撑的时间，使步频提高，进而提升速度。

（2）跨栏步技术。

第一，上栏。栏前最后一步的步长要比最后第二步短10~20厘米，在距离栏2.0~2.2米时起跨；起跨腿的脚掌前端快速着地；摆动腿的大腿和小腿自然收起，脚跟向臀部贴近，以髋关节为轴，膝关节有力前伸，形成利于蹬地的最佳角度；起跨后，髋关节、膝关节和踝关节积极伸展，与躯干的中心线在同一条直线上，起跨腿与地面的夹角比较小，起跨腿抬起之后，摆动腿向前，与摆动腿异侧的手臂积极向前，肘部越过膝关节，平行于摆动腿，与摆动腿同侧臂向后方摆动。同时身体向前倾斜，双目平视。

第二，下栏。下栏时，身体前倾，摆动腿有力向下压，起跨腿的大腿和小腿自然折叠，膝关节用力前伸，两条腿的剪绞速度加快，较少腾空，与摆动腿异侧的手臂向起跨腿相反的方向摆动，使肘关节与膝关节贴近，手臂越过肩关节时，肘关节向上提，向里收，与摆动腿同侧的手臂，肘关节弯曲，向后方提拉；摆动腿在身体重心垂线之前用力着地，下栏时身体微微向前倾斜，支撑动作要保持在较高的位置，起跨腿向身体前方提拉，使身体重心快速向前方运动。

（3）栏间跑技术。下栏后，身体重心快速向前运动，第一步的跑动要积极有力，步长要适当。在栏间跑的过程中，身体的重心较高，步频高，着地时前脚掌要充满弹性。双臂的摆动要积极且迅速，身体稍向前倾斜，双目直视前方。

（二）走跑类运动的科学化训练

1. 竞走的科学化训练方法

竞走是一项对技术要求较高的运动，因此竞走训练的安排应该贯穿训练过程的始终。初学者在训练中应该注重对基本技术的把握，完全遵循竞走的定义开展训练。竞走技术训练应该贯穿于多年和年度训练中，在提高运动效果的同时，要持续做好技术水平的提升。基本技术掌握得越牢固，越能保持良好的竞技水平，进而在高强度的比赛中保证技术动作不走形。

2. 短跑的科学化训练方法

要想提升短跑运动效果，不仅需要全面提高身体素质，还要不断提高短跑的技术水平。短跑训练的一项重要任务就是不断改进和完善短跑技术。因此，在全年的训练中都应该安排短跑技术的训练内容。不仅要加强对短跑完整技术的训练，还要有针对性地开展关键技术训练，重点练习蹬地技术、蹬地与摆动协调技术、着地时的缓冲技术、送髋技术、脚掌末端发力技术等关键技术。

3. 中长跑的科学化训练方法

在中长跑科学化训练中，通过利用科学合理的技术，将跑步中的体能消耗降到最低，使身体素质的作用发挥到最大。中长跑技术的练习，通常是通过大量跑来开展的。除此之外，可以根据运动员的自身条件，有针对性地开展专门性的技术训练。例如，腿部技术的完善、灵敏协调性的提高和腿部力量的增强，可以通过小步跑、后蹬跑、高抬腿跑等专项训练得到实现。还有加速跑、跨步跑、蛙跳、同步跑等专项训练，都对中长跑技术的提高有所帮助。

另外，中长跑技术训练中还应该充分重视步长与步频的关系、呼吸和跑动的节奏、上下肢的协调、腾空和支撑的时间比例等。如果这些关系处理得当，就能提升中长跑技术水平，使跑动中的体能消耗降低。

4. 跨栏跑的科学化训练方法

跨栏跑的技术训练由两部分组成，即基本技术训练、完整技术训练。基本技术是最基础的技术，对基础技术训练的要求务必要更加严格。基本技术训练包括起跑至第一栏技术训练、落地支撑技术训练、跨栏步技术训练、跨栏节奏训练等。完整技术训练的内容包括起跑后提速的能力、跨和跑结合的能力、对全程节奏的把握等，更加注重对运动员综合水平的培养。在跨栏跑技术训练中，可以通过设置不同强度的训练内容来实现不同的训练效果。必要时，可以采取减低栏高、变更栏间距、提高栏间步数等训练方法，通过降低训练强度来提高运动员对技术的掌握速度。但是，只有认真、严格、细致的高强度训练，才能检验和完善运动员的技术，提高运动员的竞技水平。

二、跳跃类运动训练

（一）跳跃类运动的类型及其技术要点

1. 跳高运动

（1）助跑。助跑主要有以下技术要点：

第一，动作应该做到轻松，要让动作有一定的节奏感，速度要越来越快，直线以及弧线的转换应该做到连贯自如，保持稳定，让身体的重心处于较高的位置，有明显的节奏特点。

第二，弧线助跑的过程中要保持身体向内侧有一定的倾斜，外侧的肩部要高于内侧的肩部。

第三，助跑的节奏应该越来越清晰，尤其是最后几步的时候，步伐之间的频率要加快，这样才能做好起跳的准备。

（2）起跳。起跳主要有以下技术要点：

第一，在最后一步，摆动腿应该保持速度，并且有力量地进行蹬伸，与此同时，摆动手臂配合腿部的摆动，而且肩和腰应该向上提，这有助于获得更好的起跳效果。

第二，起跳脚落地的速度应该要快，让脚后跟的外侧先和地面接触，然后再让整个脚落地，在身体内倾程度最大的时候将脚踏上起跳点。

第三，让膝关节部位的缓冲尽可能地小，这样能让起跳动作和助跑动作更加连贯。

第四，在落地的一刹那，身体应该是处于内倾状态的，然后要立刻将膝部、踝部以及髋关节蹬伸开，使身体可以向前方迅速腾起。

（3）过杆和落地。过杆和落地主要有以下技术要点：

第一，用力地起跳，然后在过杆的时候把头仰起来，肩要往下倒，挺胸，腿应该自然地收回来。

第二，找好仰头和倒肩的具体时机，如果时机掌握不恰当，那么可能会导致把杆碰掉，要利用腰部的力量控制好在空中的姿势，整个身体应该融为一体，这样才能更好地过杆。

第三，在成功过杆之后，应该把下颚收回来，让肩部和背部先落地，头部不要先落在地上，否则可能会造成颈受伤。

2. 撑竿跳高运动

（1）持竿助跑。持竿助跑主要有以下技术要点：

第一，助跑的过程中速度要渐渐变快，大腿应该抬高，要保持重心处于较高的高度，而且应该放松地助跑，让自己的步伐有较大的弹性。

第二，充分利用竿头下降带来的前翻拉力，让拉力变成自己助跑的牵引力，提高助跑的速度。

第三，在助跑的最后几步，要让自己的大腿尽可能地抬高，还要在保证步长的基础上加快步子之间的频率，让助跑节奏越来越快，还要注意身体维持平衡。

第四，胳膊应该以肩线为轴心自然地进行上下晃动，胳膊应该维持和跑步一样的节奏，上部分身体应该保持直立状态，只有这样才能保证在准确的起跳点起跳。

（2）插穴起跳。插穴起跳主要有以下技术要点：

第一，让竿的升降和插穴维持高速的协调，按照正确顺序一步一步完成，不要出现多余动作。

第二，助跑阶段获得的速度应该尽最大可能地转换成竖竿的动量以及摆体动量，同时要积极地举竿、送竿，要有力且快速地进行起跳蹬伸，让竿承担起跳的力量。

第三，在助跑阶段的最后一步，大腿和小腿应该是折叠的，而且大腿应该尽力向下压，让脚掌从上到下地落地，这样能获得更快的起跳速度，取得更好的起跳效果。

第四，在起跳举竿的过程中，应该同时进行踏跳，在举竿以及脚蹬地准备起跳的配合中，使身体得到最大伸展，这时竿和地面之间的夹角也会变大。握竿、插竿以及起跳的点最好保持在同一垂直面，这样人体才能向着前方进行快速且稳定地摆动。

（3）悬垂摆体和后翻举腿。悬垂摆体和后翻举腿主要有以下技术要点：

第一，悬垂时应该最大限度地伸长，把前肌群拉长，让自己的肩部、胸部以及髋部向前，以此来形成背弓，还要把起跳的那条腿放在身体后部，身体应该保持起跳时的反弓姿势，让胸和撑竿靠近，摆动腿应该靠近起跳腿，与此同时，左臂应该稍稍弯曲，右臂应该伸直，在撑竿的力量支持下，向前方进行摆动。

第二，在"长摆"结束之后，要快速地进行屈膝，还要把头仰起来，让身体向后方倒去。在"短摆"的过程中，应该让摆动半径尽可能地短，身体翻转的方向应该和撑竿反弹的方向是吻合且向上的。

第三，身体要在紧绷的状态中向后翻，而且腿要向后上方伸举，右臂应该适时地进行屈肘拉臂。

（4）拉伸转体和推竿。拉伸转体和推竿主要有以下技术要点：

第一，在竿子接近90°时进行转体和引体，需要借助竿子的反弹力量将转体动作和引体动作准确地做出，两个动作要做到几乎同时进行。

第二，双臂需要在竿子的纵轴方向上进行拉伸，让髋部在手握竿的地方向左旋转，在旋转的过程中腿应该并拢，膝盖应该伸直。在做这两个动作时，身体应该靠近撑竿，要保持动作的连贯、平稳、快速，如果动作过于激烈，那么竿子的伸直速度会受到影响。

第三，在垂直的状态下进行推竿，把拉引之后竿子剩余的力量充分地利用起来，让身体获得向上的支撑力量。

第四，在整个过程中，大腿应该都是伸直的状态，并且是并拢的，要利用惯性随着身体上升。

（5）腾跃横杆和落地。腾跃横杆和落地主要有以下技术要点：

第一，推竿之后应该在横杆的后面压腿，动作应该相对快速简短，与此同时，骨盆还要向上运动，以此让身体保持弯弓姿势，然后绕轴转动、腾起。

第二，在垂直状态时推竿，让身体能在快速的状态下平稳地推起。

第三，在推竿之后，两条腿应该是向上的，并且是伸直的，如果大腿已经越过横杆，那么腿应该下压，并且绕轴转动，转动的过程中应该低头收腹，并且把手臂抬高，把腿举起，让背部先接触垫子。

3. 跳远运动

（1）助跑。助跑主要有以下技术要点：

第一，使用任何助跑方式都是为了获得更快的助跑速度，以便更准确地踩在起跳板上，这个过程应该保持重心平稳，助跑应该是直线性的。

第二，保持助跑姿势稳定，奔跑的距离、技术、节奏、步幅、步长，尤其是在进行到最后几步时，一定要保持节奏。

第三，助跑时速度要慢慢地变快，尤其是到达最后几步时，应该让速度达到最快。

（2）起跳。起跳主要有以下技术要点：

第一，在最后一步腿蹬地时髋部要积极地送出去，与此同时，起跳腿应该向起跳板的方向迈去，这样能获得更快的上板速度，但是大腿不可以摆得过高。

第二，在起跳时，蹬和摆需要进行较好的配合，摆动动作应该向前方快速地送出，与此同时，髋部应该带动大腿进行较快的、幅度较大的摆动，身体应该处于直立或者是稍稍前倾的状态，让身体的重心处于较高的位置，保证身体能快速地向前移动。

第三，起跳时，应该抬头挺胸，上部分身体保持直立，膝盖关节、踝部关节、髋部关节都应是蹬直的状态，肢体的上下应该做好协调配合。

（3）腾空落地。腾空落地主要有以下技术要点：

第一，无论选择哪一种姿势都必须注重重心的平衡，还要抬头挺胸，在落地之前大腿应该抬高，小腿应该向前伸展，为落地做充分的准备。

第二，挺伸式的跳远动作需要把摆动腿向下放，与此同时，膝盖要有伸展动作，髋部应该向前，腹部不可以挺出，两臂协调配合。

第三，走步式的交换动作主要以髋部为轴心，在这个动作中，摆动腿应该下放，还要向后方进行摆动，起跳腿应该向前屈膝，与此同时，胳膊也应该配合腿的动作进行摆动。

第四，在落地之前，双臂应该向后面快速摆动，让腿部和地面之间的角度尽可能地小，双腿在接触沙面的时候应该快速地屈膝，以减少冲击力。

（二）跳跃类运动的科学化训练

1. 跳高运动的训练方法

跳高训练能在一定程度上提高运动员的跳高成绩。想要获得科学合理的技术不仅需要开展长期的练习，还要使用较为系统的训练方法，而且训练应该长期坚持，在训练初期主要涉及教学因素和训练因素，学习的重点是掌握一些基础的跳高技术，如主要环节的跳高技术。训练应该强调技术细节的改进以及整个节奏的完善，不断地提高跳高技术水平，从而获得更加优秀的成绩。在训练的过程中，不仅要严格遵守规范，还要结合训练，尽量让训练者形成自己的独特风格。除此之外，技术训练还要结合身体训练，尤其是技术细节方面的完善。使用的辅助手段、练习手段应该尽量简化，针对不同的细节逐一完善，如果改进的是完整技术，那么必须进行较多的完整技术练习，要深刻体会不同的速度、不同的用力情况下技术动作的变化，以此实现动作的完美。

2. 撑竿跳高的训练方法

撑竿跳高技术是非常复杂的，在训练的时候要特别注重撑竿跳高的训练，而且训练要求训练者全面地发展自身的身体素质，投入较多的精力。撑竿跳高完整技术主要涉及的用力点包括：①在插穴起跳中用力。②在后翻举腿过程中用力。③在引体、转体以及推竿的过程中用力。这三个用力是能否掌握完整技术的关键，因此，技术训练应该主要围绕这三个用力点对动作进行分解练习，以此来保证动作是正确的。

撑竿跳高完整技术需要进行的练习强度很大，运动员应该在体力充沛且精神集中的情况下训练。在一节技术训练课程中，很难同时完成很多数量的练习，所以，技术训练最好使用比较轻的撑竿，然后进行距离适中的助跑，以此来提高过杆跳跃的次数，使训练数量得到保证。在进行撑竿跳高技术训练的过程中，通常是先把动作进行分解，然后再结合动作进行完整训练。换言之，除了动作分解练习之外，还要进行动作完整基础练习。完整技术练习要让各个分解动作连接更加顺畅，以此来获得效果相对较好的整体跳跃节奏。撑竿跳高运动最关键的是训练者能否熟练地控制撑竿，如果能熟练地控制撑竿，那么比较容易取得好的成绩。

3. 跳远的训练方法

跳远技术训练主要针对的是完整技术训练，与此同时，也要辅助分解训练，训练时期以及对象的不同需要投入的时间也是不同的。如果是比赛时期，那么应该进行完整练习；如果主要是为了改进技术，那么应该进行分解练习，但是与此同时，也要进行相应的完整技术的配合练习；如果是掌握改进技术的阶段，那么应该进行长短不同的助跑练习；如果比较接近比赛，那么最好使用全程的助跑练习。除此之外，应该在运动员个人状态比较好的时候训练，而且要树立明确的训练目标，一节课中不宜针对过多的地方进行技术改进。

三、投掷类运动训练

(一) 投掷类运动的类型及其动作要求

1. 推铅球运动

(1) 滑步。

第一，摆腿，利用摆腿动作带动髋部运动，髋部的运动方向应与投掷方向成水平状态。滑步是个连续性动作，需要有摆、蹬、拉、压的动作，这些动作都是相连接的，前一个动作会为后一个动作产生助力与支撑。例如，摆腿的动作，摆动的力量和幅度可以决定身体的重心位置，影响支撑腿与地面的角度和滑步速度。

第二，支撑腿的蹬地与收回。在动作完成的过程中，身体的重心应位于身体下方，由下肢作为主要支撑部分，并且快速蹬离地面，以减少支撑腿的受压时间，让下肢超越上体和器械，这也是运动员需要进行滑步的原因，因为滑步会让身体达到速度快、运动幅度大的状态。在摆动腿的过程中，要积极压低动作，这样的配合会让后续的比赛更顺利。

第三，在投掷过程中，要注意促进"超越器械"动作的形成，非投掷臂的摆放位置会对身体的协调状态以及身体起伏造成影响。为了减少身体上下起伏，可以将非投掷臂保持前伸，非投掷臂膀向内扣。

第四，关于滑步速度的控制。在滑步过程中是持续加速的，关于具体速度的把握，需要运动员根据自身投掷技术的能力具体调整。滑步过程中不能一味追求高速度。因为高速度如果不能与自身的投掷技术相匹配，那么可能会加大投掷难度。最佳的状态是运动员的重心和投掷物的路线相一致。

（2）过渡。过渡的主要技巧在于滑步与用力之间的转换。要注意速度与投掷能力的匹配。从右脚滑动到左脚落地，运动员需要保持在滑步过程中所拥有的优势。

前述运动都完成以后，运动员要注意自己的身体平衡，并且在适当的时机用力投掷铅球。这一时机非常关键，它能影响铅球最终的落地地点。因为铅球离手的初速度就由这一阶段决定。

2. 掷铁饼运动

掷铁饼运动需要运用双腿的支撑进行转动，随后转为单脚旋转，然后腾空旋转，再运用动作进行衔接，最后用力将铁饼掷出。当然，最初是加速阶段，需要在速度达到一定程度之后才能将铁饼掷出。这里所论述的都是掷铁饼的一般运动过程，具体的情况还需要运动员根据自身的具体习惯进行进一步的调整。

3. 掷标枪运动

（1）预跑阶段。在预跑阶段需要进行匀速加速运动。标枪要扛在运动员的肩上，运动员渐渐加速。跑步时身体要放松，不要让肌肉过于紧张。关于速度的把握，需要运动员根据自身的情况来决定。投掷步阶段，运动员要对自己采用几步投掷步进行正确的判断，要根据自身的情况来确定。运动员在投掷步的后期是需要加速的，特别是在第三、四步时，运动员要有一个明显的提速。

（2）用力阶段。用力阶段也是投掷标枪最重要的一部分。关于最后用力投掷的阶段，需要运动员做到：①尽可能地使全身肌肉都参与进来；②落地之后要注意由于惯性而产生的髋部运动。右脚落地但左脚未落地之前，要注意调整自身的重心位置。

（3）平衡阶段。在标枪投掷出手之后，身体要保持平衡。为了避免犯规，运动员应该顺应惯性，及时向前跨步，并且将本来位于右脚的重心转向左侧身体，借助这样的动作来维持身体的平衡。

（4）投掷之后标枪的运动飞行阶段。标枪会呈轴自转向前运动飞行。如果标枪的自转速度足够快，那么标枪在空中的飞行也会更稳定，而且快速自转能使标枪落地的时间延后。经过科学的计算，标枪受阻力最小的角度是出手角度 $29° \sim 36°$。这时攻击角的角度趋近于零。攻击角位于 $0 \sim 10°$ 时，标枪的飞行效果达到最佳。

（二）投掷类运动的科学化训练

1. 推铅球运动的科学化训练

在投掷铅球的过程中，运动员会受到投掷圈的限制，比如助跑阶段，就会受到距离的限制。运动员想要将铅球推得足够远，就一定要提升自身的爆发力。这一爆发力主要体现在力量素质和快速力量爆发两方面，这也要求运动员要全面提高身体素质。提高力量素质，会对运动员推铅球的结果产生决定性作用，因为这也是力量爆发程度的重要基础。腰背肌和小肌肉群是运动员锻炼过程中需要着重注意的。运动员要有意识地去快速使用这些肌肉群，这样有利于比赛中力量的爆发。不仅是这两个肌肉群要进行锻炼，而且全身的肌肉也要进行一定程度的锻炼。但力量训练不要过度，以免损伤身体功能，可以隔日进行一次。训练方式根据自身情况安排，应该以提高推铅球能力为目标来进行锻炼。在练习中要注意自身的速度，同时锻炼手脚协调能力和弹跳能力，增加重物的投掷练习。

2. 掷铁饼运动的科学化训练

铁饼运动员的锻炼，需要以提高自身投掷铁饼的能力为导向来进行锻炼。运动员要注意自身肌肉全面均衡的发展，注意加强腰背肌和小肌肉群的训练。因为投掷铁饼运动过程中需要选手运用手部力量、胸臂力量以及下肢力量的支撑，所以在锻炼过程中，需要利用器械来重点锻炼这些部位肌肉群的力量，而且要注意自身内脏器官的工作时间。如果需要减少多余内脏脂肪，那么运动员也要及时进行调整。因为内脏的工作时间也会对运动员的比赛状态造成一定的影响。特别是女子运动员，要注意自身的耐力锻炼。可以利用跑步一类的耐力训练来锻炼。所有的训练都是为了更好地比赛，比赛也是为了检验训练成果，所以运动员可以根据自身比赛的状态来查漏补缺，看清楚自身所存在的问题，需要提高哪一方面的技术，边训练边打基础，边比赛边提高自身技术。

3. 掷标枪运动的科学化训练

投掷标枪的运动本质上来说是一场速度和力量爆发的运动，需要运动员具有极高的协调能力和迅速反应能力，对运动员的躯干、腰、髋的要求都是极高的。投掷标枪的过程中，对运动员下肢肌肉的收缩力和收缩速度也有着极高的要求。投掷标枪这一动作是大幅度的，需要肌肉群高度配合，要求运动员具备强有力的手腕柔韧性和肘关节协调性。为了掌握标枪投掷运动的技术要点，运动员要不断提升自己的身体素质。

第三节　塑身运动项目训练方法实践

塑身运动是以身体练习为基本手段，运用专门的动作方式和方法进行锻炼，以塑造体形，培养姿态，改善气质，增进健康为目的的一项新兴体育项目。

塑身运动以塑造优美形体为主要特点。形体美的内容很广泛，它包括体形美、姿态美、动作美和气质美。形体美的方法有很多，它包括形体训练、健美运动、健美操、体育舞蹈、瑜伽等。

塑身运动以"健康、力量、美丽"为目标，是人类期盼与追求的身体状况的最高境界。在塑身运动中，无论是形体训练、体育舞蹈，还是健美运动、健美操，无不处处表现出"健、力、美"的特征。

一、瑜伽运动训练方法

"瑜伽运动是以身体练习为基本手段的运动项目，具有增强体质、健身塑形、放松身心的功能以及形式丰富、内容新颖、简单易学、安全高效等特点，凭借着自身的优势得到人们喜爱。"[①]

（一）基本坐姿

1. 简易坐

坐在地上或垫子上，将右小腿弯曲，放在左大腿之下，将左小腿弯曲放在右大腿之下。双手放于两膝之上，头、颈、躯干都保持在一条直线上。

2. 半莲花坐

坐在地上或垫子上，弯曲右小腿让右脚底板顶紧左大腿内侧，弯起左小腿并将左脚放在右大腿上，头、颈、躯干都保持在一条直线上。交换两腿的位置，继续坐下去。

患坐骨神经痛的人不宜做此练习。

3. 莲花坐

坐在地上或垫子上，双手抓住左脚，将其放于右大腿上，脚跟放在肚脐区域下方，左脚底板朝天。双手抓住右脚，扳过左小腿上方，放在左大腿上，右脚底板朝天，脊柱保持伸直，尽量长久地保持这个姿势。交换两腿位置练习。

这个姿势较为难做，但它是一个很有用的松弛练习，掌握好之后，能引发顺畅的呼吸，增加上半身的血液循环，对哮喘和支气管炎病人有益。每次打坐之后，要按摩两腿、两膝和脚踝。

（二）站立体位法

1. 风吹树式

（1）站姿。双脚并拢，合掌胸前。吸气，双手向头顶高举，手臂轻轻夹住耳际，上身

---

①李萌，贾亮. 瑜伽运动在全民健身运动中的价值体现［J］. 田径，2022（10）：28.

有往上延伸之感觉。

（2）吐气，上身弯向左侧，与此同时，将髋部向右侧推移，保持 5 次呼吸。

（3）吸气，还原向上。吐气，再弯向右侧，将髋部向左侧推移，保持 5 次呼吸。

2. 三角转动式

（1）保持两膝伸直的同时，将右脚向右方转 90°，左脚向右方转约 60°。

（2）呼气，双臂伸直，将上身躯干转向右方，让左手在右脚外缘碰触地板。右手臂向上伸展，与左手臂成一直线。双眼注视右手指尖，伸展双肩及肩胛骨，保持约 30 秒。

（3）恢复时吸气，慢慢先将双手、躯干直至最后将两脚转回各自原来的伸展状态，再转回基本站立式。

（三）跪姿体位法

以猫式为例，具体做法如下：

第一，金刚坐姿，双掌置于膝盖上，伸直背部，调匀呼吸。

第二，吸气，臀部离开脚跟，俯身向前，抬臀凹腰，膝部、脚背贴地面，手臂伸直，指尖对膝盖，下颚抬高，背部收紧，保持片刻。

第三，吐气，手掌施力收腹，拱起背部，头部向下，下颚尽量抵住胸部锁骨处，动作静止，自然呼吸 5 次。

第四，再次吸气，下颚向上抬，头部后仰，凹腰部，挺臀部。动作静止，自然呼吸 5 次。上、下各重复练习 3 次。还原金刚坐，调匀呼吸。

（四）蹲姿体位法

以花圈式为例，具体做法如下：

第一，蹲坐着，两脚并拢，脚心和脚跟要完全贴在地上。

第二，分开大腿和膝盖，身体向前，两手由两腿中间向前伸。

第三，手臂弯曲往后，两手握住脚踝后面的部分。

第四，握紧脚踝之后，呼气，头向下碰触地面。

第五，停留 1 分钟，自然地呼吸。

第六，吸气，头抬起来，手松开，休息。

（五）瑜伽调息法

1. 呼吸法

呼吸通常有四种方式：胸式呼吸、腹式呼吸、完全（瑜伽）呼吸、喉呼吸。

（1）胸式呼吸。仰卧式，右手轻轻地放在肋骨上。深深吸气，但不要让腹部扩张，代替腹部扩张的是把空气直接吸入胸部。在胸式呼吸中，胸部扩张，腹部应保持平坦。然后，当吸气越深时，腹部越向内，朝脊柱方向收，肋骨向外和向上扩张，接着呼气，肋骨向下并向内收。

（2）腹式呼吸。仰卧式，右手轻轻放在肚脐上。吸气时，把空气直接吸向腹部，吸气正确，手随腹部抬起，吸气越深，腹部升得越高。随着腹部抬起，横膈下降，接着呼气，腹部向内朝脊柱方向收缩，凭着尽量收缩腹部的动作，把所有空气从肺部全部呼出来，横膈升起。

（3）完全（瑜伽）呼吸。仰卧式，左手放在肋骨上，右手放在肚脐上。慢慢地吸气，让空气先进入肺的下部，肚子抬高，再进入肺的中部和肺的上部。慢慢地扩张锁骨，以便吸入最后一点儿空气。接着慢慢地呼气，先放松肺的上部，再放松肺的中部，最后放松腹部，收缩腹部肌肉，让空气全部呼出。再循环吸气和呼气。完全（瑜伽）呼吸应是畅顺而轻柔的。整个呼吸应像波浪一样轻轻地从腹部波及胸腔中部再波及胸腔上半部，然后减弱消失，应该是稳定、渐进的。

完全呼吸是把以上两种类型的呼吸结合起来完成的，首先要熟练腹式呼吸后再练习完全呼吸。完全呼吸是一种自然的呼吸方法，练习巩固之后，这种呼吸方法就会成为日常生活中的一种自主行为。

（4）喉呼吸。喉呼吸是通过两鼻孔进行呼吸，由于收缩喉头声门还会带出轻微响声。在吸气时，能听到"萨"的声音；呼气时，能听到"哈"的声音，就像婴儿熟睡时发出的轻微鼾声。喉呼吸是最奇妙、使用范围最广的呼吸法之一，它不受调息功法深浅的限制，做起来很简单，任何人、任何时候、任何姿势都可以兼练喉呼吸。练习者还可以把舌头向上或向后翘，让舌头底部顶住上腭后部来呼吸，练习喉呼吸时尽量做深呼吸。

2. 调息法

人体在吸气之后，就会自然地呼气，呼与吸之间还有着自然的停顿。瑜伽调息就是意守这呼吸过程中停顿的冥想。调息的目的既在身体方面，也在精神方面，瑜伽认为，人身体上的疾病主要是由于体内生命之气的流通发生障碍引起的，通过练习"吸纳"（吸气）、"呼吐"（呼气）、"悬息"（屏气）来调节体内生命之气向正确方向运行，就能确保整个经络系统中生命之气的畅通，使人体保持健康。

瑜伽调息法通常有五种：风箱调息、圣光调息、昏眩调息、清凉调息、经络调息。

（1）风箱调息。风箱调息分以下两个阶段练习：

第一阶段：以一种舒适的瑜伽坐姿打坐（至善坐式或其他坐姿），右手食指和中指放在前额中央，大拇指放在右鼻孔旁，无名指放在左鼻孔旁；大拇指按住右鼻孔，做快速腹式呼吸 10 次；左鼻孔深吸气，再关闭两鼻孔，做收额收束法和会阴收束法，或两者做其一，悬息 1~3 秒；稳定地用两鼻孔同时呼气（喉呼吸法），换右鼻孔同样练习，这样算完成一个回合练习；做 2 个回合。

第二阶段：按原先姿势打坐，两手平放两膝上，两鼻孔同时快速呼吸 10 次；深呼吸，吸气后，悬息 1~5 秒，同时，做收额收束法和会阴收束法，或者只做其中一种；呼气抬头，这是一个回合；做 3 个回合；仰卧式，放松休息 1 分钟。

（2）圣光调息。以一种舒适的瑜伽坐姿打坐，闭上双眼；像风箱调息那样做腹式呼吸，不同的是，用力做呼的过程，让吸气慢慢自发地进行；每次呼气后做短暂悬息，同时做收额收束法、收腹收束法和会阴收束法，意守眉心，以舒适为限，然后解除三种收束法，慢慢吸气；呼气 25 次后，做最后一次呼气时，尽量呼出肺部空气；重复练习 2 个回合。

（3）昏眩调息。至善坐式，闭上双眼；缓慢而深长地吸气；悬息 1~3 秒，同时做收额收束法，缓慢而彻底地呼气；吸气，抬头；重复练习 2~3 次。

（4）清凉调息。至善坐式，张开嘴，舌头伸出，卷成一条管子，缓慢而深长地吸气，吸满空气后，闭上嘴巴；低头，悬息 1~5 秒，同时做收额收束法；抬头，呼气。

（5）经络调息。经络调息分以下两个阶段练习：

第一阶段：单鼻孔呼吸，至善坐式，右手食指和中指放在前额中间，大拇指放在右鼻孔旁，无名指放在左鼻孔旁；大拇指轻按右鼻孔，用左鼻孔呼吸 5 次；移开大拇指，无名指轻按左鼻孔，用右鼻孔呼吸 5 次；做 10 个回合。

第二阶段：双鼻孔呼吸，按原先打坐姿势坐好。大拇指轻按右鼻孔，左鼻孔吸气。无名指轻按左鼻孔，右鼻孔呼气；右鼻孔吸气，按住，左鼻孔呼气。第二回合，从左鼻孔吸气开始，如此循环下去做 10 个回合。

（六）瑜伽松弛法

瑜伽松弛法是一种让瑜伽练习者得到极好休息的功法，包括瑜伽休息术、瑜伽松弛法和瑜伽冥想。通过有意识地调身、调息、调心，使人体肌肉、精神、心灵达到松、静、自然的放松状态。

1. 瑜伽休息术

瑜伽休息术由三个部分组成，即准备部分（瑜伽语音冥想）、基本部分（放松身体各部位和瑜伽场景冥想）、结束部分（充沛精力后起身放松）。

瑜伽休息术在日间练习的主要目的是快速消除疲劳，恢复精力。因此，练习时间比较短，仅做基本部分和结束部分的练习，练习者最好保持清醒状态。

瑜伽休息术在夜间练习的主要目的是帮助人们尽快放松身心，消除失眠的痛苦，直到自然而然地睡着。因此，休息术的时间因人而异，相对于日间练习，夜间练习的时间长些，可以做三个部分的练习，如果做到基本部分，放松身体各个部位就睡着，那就更好。

瑜伽休息术有两种练习方法：第一种方法是由一个人读引导词，其余的人聆听做练习；第二种方法是自己在心里默默自我引导练习。但必须经过第一种方法练习后，才能做第二种方法练习。

2. 瑜伽松弛法

（1）仰卧放松功。仰卧式，两腿分开与肩同宽，脚尖自然朝外，两臂放在身体两侧，掌心向上；双眼闭合，全身放松，自然呼吸；意守呼吸，每次吸气或呼气，都对自己说："我正在吸气或呼气。"

（2）俯卧放松功。俯卧式，两臂上举，掌心向下，双眼闭合，全身放松；意守呼吸，每次吸气或呼气，都对自己说："我正在吸气或呼气。"

（3）鱼戏式放松功。俯卧式，头右转，两臂上举，十指相交，置于头部下方，右腿弯曲，靠近胸部；转动两臂，左肘朝上，右肘放在右大腿上，头靠在左臂弯曲处；保持姿势；还原成俯卧。换左侧同样练习。

（4）仰卧伸展放松功。仰卧式，两腿稍分开，两臂上举，掌心向上，平放地上，双眼闭合，全身放松；吸气，右臂和身体右侧向上伸；呼气，右臂和身体右侧还原；吸气，右腿向下伸展；呼气，右腿还原。换左边做同样练习。

（5）动物式放松功。长坐式，右腿屈膝，右脚抵住左大腿内侧；左腿后屈，左脚跟抵住臀部；吸气，两臂上举，掌心向前；呼气，上体前屈，前额触地，保持姿势；吸气，还原。换左边做同样练习。

（6）婴儿式放松功。跪坐式，两臂下垂，两手放在两脚旁，掌心向上，指尖向后；上体前屈，腹部、胸部紧靠大腿，前额轻轻触地，两臂放松，保持姿势；还原成跪坐式。

（7）月亮式放松功。跪坐式，两臂上举，掌心向前；上体前屈，前额轻轻触地，保持姿势；还原成跪坐式。

（8）手抱膝放松功。仰卧式，两腿屈膝，大腿贴近胸部，两手十指交叉抱住双膝，双眼闭合，全身放松，保持姿势；还原成仰卧式。

（9）摇摆放松功。仰卧式，两腿屈膝，大腿靠近胸部；两手十指交叉至大腿下，抱住两腿；低头，让身体前后摇摆 5 次，顺势成蹲式。

（10）站立放松功。开立式，低头，下巴贴近锁骨，双眼半闭，两臂、两手和所有手指垂下；放松肩背、大腿、小腿肌肉，全身放松，保持姿势；抬头，还原成开立式。

二、普拉提运动训练方法

"普拉提运动可以加强核心力量，促进平衡能力、提高协调性以及缓解肌肉紧张，对人体形态的影响效果非常显著。"[1]

（一）普拉提训练原则

1. 专注力

普拉提运动疗法是融合肢体和心灵的运动，训练以意志力去控制身体动作。专注力对身心的重要性是不需要质疑的，它有利于厘清思绪、集中精神、增加和培养冷静处理突发状况的能力。在普拉提练习开展的过程中，必须保证每一个动作的完成都是全身心投入的，在保证动作准确度的同时，还要对身体动作观察的敏锐度进行培养，从而使其自身姿势正确性评断与动作自我纠错的多项能力得到建立与培养。

2. 控制力

运动时若对动作无控制力，不但无法从运动中受益，反倒容易造成伤害。普拉提的运动疗法没有随性或偶然发生的动作，每一个动作都是经由意识性的引导，例如头的位置、背部的弧度、手指的方向、手腕弯直、膝盖面向，而非听任身体的摆布限制。

3. 流畅感

想要有优雅的举止，就得从动作流畅感的训练做起。僵硬的肢体动作通常是因为肌肉过度紧绷，限制了关节活动范围，或是因肌力无法支撑肢体所造成。如想拥有芭蕾舞般的优雅身形，并改善僵硬的肢体动作，需从矫正身体的不平衡做起。

4. 核心

普拉提运动疗法指的"核心"是肋骨以下至骨盆的部位，这个部位称作能量室。加强此部位的肌肉群可提高身体的稳定性及全身姿势的正确性。例如，常穿高跟鞋的女士，因身体的重心前移，而造成骨盆前倾，小腿、大腿的前侧肌肉紧绷，若腹肌又不够强壮无法稳定骨盆的位置，则相当容易造成腰部的负担，引起腰椎疼痛等问题。交错骨盘部位的肌肉群包括腹肌、背肌、臀肌、髋关节屈区肌、髋关节伸展肌与髋关节内外侧肌，而这些肌肉群也是普拉提运动训练的重点。

①胡盈盈，刘伶燕，郝鑫鑫，等. 普拉提运动对人体形态影响的研究［J］. 科教导刊（下旬），2018（12）：157.

（二）普拉提动作解读

1. 使颈部保持弯曲状态

第一，练习者在垫子上面仰卧，分开自己的双腿，保持与胯部同样的宽度；收紧自身的腹肌，保持骨盆的中立状态，在地面紧贴上自己的肩胛骨，同时打开胸部。

第二，练习者将自身的后颈部伸长，同时轻轻地用下巴尽量与前胸接触；练习者吸气，将头部通过腹肌的力量向上，微微地向前拉起。

第三，练习者呼气，向初始位置还原，通过腹肌来控制头部。

2. 使腹部保持弯曲状态

（1）练习者在垫子上仰卧，保持双腿的弯曲状态，且同胯部之间保持同样宽度状态；练习者双手平放在地板上，手心朝下；吸气。

（2）练习者将后颈部伸长，使自身的腹肌收缩，在脑后枕住双手。

（3）练习者吸气，与此同时用双手扶住头部，向上将连肩胛骨在内的部位翘起。

（4）练习者朝着骨盆的方向将前部的胸骨与肋骨放松，伸直双腿；练习者吸气，同时保持原有姿势不变，保持骨盆的中立状态，伸直自身的脖颈与脊柱；练习者呼气，向初始位置还原，将腹肌收紧。

3. 伸腿练习

（1）练习者在垫子上仰卧，保持双腿和胯部之间的同等宽度，弯曲左腿，伸直右腿；收紧腹肌，保持骨盆的中立状态，肩胛骨紧贴地面，同时打开胸部。

（2）练习者吸气，抬高右腿，与骨盆之间呈现出45°的状态，同时保持骨盆的中立状态，放松脊柱。

（3）练习者呼气，将右腿向初始位置还原，并且此期间腹肌始终收缩，需要注意的是肩胛骨与地面之间要始终保持接触；完成上述动作以后，再换成左腿，对上述的动作进行重复。

4. 桥式练习

（1）练习者在垫子上仰卧，双腿保持弯曲且平行的状态，在身体的两侧平放双手，手心朝下；练习者吸气，向着肋骨方向下沉肩膀，挺直背部，收紧腹肌。

（2）练习者呼气，抬起骨盆，平行于背脊的中部；将腹肌、臀肌和脚筋收紧，两只脚掌完全同地面接触。

第七章 互联网背景下运动训练的创新途径

第一节 大数据时代运动训练的数字化监控

在竞技训练中，竞技目标的表现能力是训练的核心，而确保竞技目标能稳定地实现在特定时间点上，是训练控制的基本要求。在竞技训练实践中，通过量化分析和评估竞技目标表现能力的变化过程，教练员可以客观地了解训练效果，修正训练计划，并科学地控制训练进程。在我国高水平竞技训练体系中，训练监控涵盖了多个学科，包括生物学（系统生物学、分子生物学）、医学、神经科学、大数据处理等，甚至还涉及基因组测序、转录组学、蛋白质组学、代谢组学等许多领域。这些学科的应用成为提升现代高水平竞技运动训练科学水平的重要保障措施之一。

进入 21 世纪以来，互联网技术的迅猛发展，加速了各种数据的处理和存储速度，尤其是随着自动数据采集技术的普及，数据量呈现指数级增长。这种趋势引起了世界各国对大数据发展和应用的关注。如今，大数据时代已经到来，不论是在商业、经济还是社会的各个领域，管理者的决策已不再仅仅依靠经验和直觉，而越来越多地依赖于数据分析的结果。通过对大数据进行分析和挖掘，可以揭示出隐藏在数据背后的模式、趋势和关联性，从而为决策者提供有力的支持和指导。

随着大数据时代的到来和可穿戴设备的广泛应用，大数据方法开始在高水平竞技训练和监控中发挥作用，帮助提升运动员的竞技表现水平。大数据技术逐渐成为高水平竞技赛场上取胜的核心竞争力，为奥运参赛选手和职业运动员的体能训练提供了科技支持和推动力。在高水平竞技训练中，体能训练已经通过理论和实践得到验证，可以深度挖掘人类运动潜能。随着大数据时代的发展，体能训练的方式正在逐渐从传统的依靠直觉和经验驱动决策，转变为以数据为基础进行决策。监控重点也从传统的生理生化监控向运动表现监控转变，并且从训练后的监控向训练过程中的实时监控转变。

目前，国内外一些高水平运动队和职业运动员已经开始采用数字化的体能训练与监控，这使训练与监控更加融合和精确。如何在高水平运动队中运用大数据技术开展创新的体能训练，以填补体能短板，已经成为提高竞技训练科学水平、助力体育强国建设的重要问题。

一、大数据技术在高水平竞技训练中的应用

（一）大数据在高水平竞技训练中的应用领域

第一，运动员选材。通过分析大数据，可以评估运动员的潜力和适应性，帮助教练和选拔团队作出更准确的选材决策。

第二，体能训练。大数据可以监测和分析运动员的生理指标、运动能力和体能水平，为教练员制订个性化的训练计划提供依据。

第三，运动技术分析。通过对运动员的动作、姿势和技术数据进行大数据分析，可以发现运动技术中的优势和改进空间，并提供指导和建议。

第四，战术决策分析。大数据分析可以帮助教练和运动员了解对手的战术倾向、弱点和优势，从而制定相应的战术策略。

第五，训练与比赛计划制订。通过分析历史数据和实时数据，可以为教练员和运动员提供定制的训练和比赛计划，以优化训练效果和竞技表现。

第六，提升运动表现。大数据分析可以揭示出运动员在训练和比赛中的表现瓶颈，并提供相应的改进措施，以帮助运动员提升竞技水平。

第七，训练效果与比赛表现评估。通过对数据的分析和比对，可以客观地评估训练效果和比赛表现，为教练员和运动员提供反馈和改进的方向。

第八，竞技状态监测。通过实时监测运动员的生理指标、心理状态和运动数据，可以及时发现潜在的问题和疲劳状况，为调整训练和比赛策略提供依据。

第九，疲劳监测。大数据分析可以帮助识别运动员的疲劳状态和恢复需求，以确保合理的训练安排和休息调度。

第十，运动表现预测。通过历史数据和模型分析，可以预测运动员在比赛中的表现和成绩，帮助制定更具有针对性的策略和目标。

第十一，运动损伤风险评估。通过分析运动员的训练量、生理指标和运动数据，可以评估运动损伤的风险，并采取相应的预防和康复措施。

第十二，对手信息探测。通过对对手的历史数据和表现进行分析，可以获取对手的强项、弱项和战术特点，为制定对策和战术准备提供参考。

（二）大数据在高水平竞技训练中的应用方法

第一，物理类数据。利用大数据技术进行物理类数据的分析和处理。例如，使用虚拟

现实（VR）图像反馈分析，可以通过大数据技术来搜集、处理和分析运动员在训练或比赛中的运动姿势、动作和力量等物理方面的数据。

第二，动作分析类数据。利用大数据技术对动作进行分析和评估。这包括战术分析，如在球类运动中，通过大数据技术搜集和分析球员的位置、运动轨迹、球传递路径等数据，以改进战术策略。另外，GPS 定位技术也可以用于追踪和记录运动员的位置和移动情况，以便进行训练和比赛分析。

第三，生物大数据。利用大数据技术分析和应用生物类数据。这包括生理生化免疫、代谢组学、蛋白组学、转录组学等方面的数据。通过搜集和分析运动员的生物数据，如心率、血压、血液成分、代谢产物等，可以评估运动员的身体状况、疲劳程度和康复进展，从而优化训练计划和预防运动损伤。

第四，训练大数据。利用大数据技术管理和分析训练相关的数据。这包括目标结构关联协同和训练经验数据库等方面。通过建立训练经验数据库，运动员和教练员可以共享和访问训练数据、技术要点和最佳实践等信息，从而提高训练效果和知识传递。

"在竞技训练实践中，对竞技目标表现能力变化过程的量化分析与评估，是教练员了解训练效果、修正训练计划、科学控制训练进程的主要途径。"[①] 这些大数据技术方法的应用可以帮助运动员和教练员更好地了解和优化运动表现、战术策略和身体状况，提高竞技水平和训练效果。

（三）大数据监控设备在高水平竞技训练中的应用

目前在竞技训练中常用的大数据监控设备主要集中在利用可穿戴设备进行动作分析类数据的评估和训练。

1. 运动表现分析设备

（1）运动表现分析设备。例如，运动表现分析系统或运动表现监控定位系统，这些设备可以提供多个参数，如疲劳恢复情况、实时心率，跑动距离、速度、加速度、减速度、急停、变向，跳跃、跳跃次数、平均跳跃高度、跳跃的最大值和最小值、最大跳跃百分比等。软件会根据这些数据生成训练课程或整个赛季（比赛期）的数据汇总、图表和综合分析评估报告。

（2）三维动作分析与运动表现优化系统。这种系统可以测试多个动作类别，包括跳跃和着陆、平衡、核心力量和身体控制能力。通过使用传感器和摄像头等设备，系统可以捕

①李端英，李捷，杨群，等.大数据时代高水平运动员体能训练数字化监控研究［J］.广州体育学院学报，2021，41（5）：108.

捉和分析运动员的动作，并提供反馈和建议，帮助改善技术和优化运动表现。

这些大数据监控设备通过搜集运动员的运动数据并进行分析，不仅可以提供详细的运动表现信息和指导，帮助运动员和教练员评估和改进动作能力，而且可以在训练过程中提供实时反馈，帮助运动员调整姿势、力量和技巧，提高运动表现和避免受伤。同时，通过记录和分析大量的运动数据，这些设备还可以为训练计划和战术策略的制订提供数据支持和依据。

2. 体能测试与训练设备

（1）运动素质测试系统。运动素质测试系统是一种用于评估个体运动能力和身体素质的工具。该系统通过一系列科学的测试项目，包括力量、速度、耐力、灵敏度和柔韧性等方面的测试，为用户提供全面的身体素质评估。该系统通常包括专业的测量设备和软件，能准确测量和记录用户在各项测试项目上的表现数据，并生成详细的测试报告。运动素质测试系统广泛应用于体育训练、健身指导、运动员选拔和健康管理等领域，帮助用户了解自己的运动能力水平，制订个性化的训练计划，提高身体素质水平。

（2）便携式体能训练套装。便携式体能训练套装是一种多功能的健身工具，不仅包括悬挂带、抗阻带和抗重力训练装置，还配备了分段计时、反应、速度和灵敏性测试功能。用户可以使用套装进行全身综合性的训练，同时通过分段计时功能监控训练时长，反应训练提升注意力和反应速度，速度测试评估跑步和爆发力，灵敏性测试检验身体的敏捷性。这些功能使便携式体能训练套装成为一款全面、便携且适用于各种健身水平和目标的理想选择。无论是在家中、户外或旅行中，都能随时进行个性化的体能训练和测试。

（3）便携分段计时系统。便携分段计时系统是一种具备多种功能的便携式计时设备。它能提供瞬时速度、分段平均速度、节点用时、全程用时等多种数据。该系统通过精确测量时间和距离，可以帮助运动员、跑步爱好者和健身爱好者监控他们的训练进度和成绩。无论是进行跑步、自行车骑行还是其他户外活动，用户可以轻松记录每个分段的数据，并对比分析不同阶段的表现。便携分段计时系统的便携性使用户可以方便地携带和使用，以提高他们的训练效果和达成目标。

（4）爆发力、力量和速度测试仪。爆发力、力量和速度测试仪是一种专门用于测量运动员产生爆发力、力量和速度的设备。它能准确地记录和分析运动员在特定动作或训练中产生的力量和速度数据。通过使用这种测试仪，教练员和运动员可以评估训练的效果、跟踪进展，并制订个性化的训练计划。这种测试仪通常包括传感器、计时器和数据记录系统，能提供精确的测量结果，帮助运动员和教练员优化训练方法和技巧，以提高运动表现和竞技水平。

（5）爆发力测试和监控系统。爆发力测试和监控系统是一种用于监测力量和功率曲线基准以及功率回转的专业设备。该系统能精确测量运动员的爆发力和力量输出，并实时显示力量和功率的变化曲线。通过对比基准数据，可以评估运动员的表现和进步。该系统还可以提供有关力量回转的信息，帮助运动员了解他们的力量输出在不同运动周期内的变化。这种高级监控系统为训练者和教练员提供了宝贵的数据，以优化训练计划和提高运动表现。

（6）数字化腿屈伸离心训练器。数字化腿屈伸离心训练器是一种先进的健身设备，具备多项评估分析功能。它可以测量和评估力量、爆发力、屈/伸等长收缩肌力比值、屈/伸等长收缩比值以及屈/伸膝等长收缩对称性等数值。这些数据提供了全面的身体训练反馈，帮助用户了解肌肉力量、平衡和对称性等方面的表现。数字化腿屈伸离心训练器利用先进的传感技术和数据分析算法，提供精确、可靠的评估结果，帮助用户优化训练计划，改善身体素质和运动表现。

（7）速度力量反馈系统。速度力量反馈系统是一种能多角度测量杠铃运动速度的先进技术。该系统结合了传感器和数据分析软件，能准确测量杠铃在训练过程中的速度和力量输出。通过实时反馈和数据分析，用户可以了解他们的训练效果和力量表现，从而做出相应的调整和改进。速度力量反馈系统广泛应用于训练和竞技领域，帮助运动员和健身爱好者优化他们的力量训练，并提高爆发力、速度和力量输出。这一先进的技术为训练者提供了更精确的数据和反馈，帮助他们达到更高水平的训练效果。

（8）便携式跳跃测试系统。便携式跳跃测试系统是一种用于测量人体垂直跳跃能力的便携式设备。该系统包括一个传感器和一个显示屏，具有简单易用的特点。使用者可以通过将传感器固定在身体上，进行垂直跳跃动作并触发传感器，系统将自动记录跳跃的高度和时间。通过显示屏不仅可以即时查看测量结果，还可以将数据传输到计算机或智能手机上进行进一步分析。这个便携式跳跃测试系统不仅适用于专业运动员和教练员，还可以广泛用于健身爱好者和体育教育领域，帮助人们评估和监测垂直跳跃能力的进展。

（9）敏捷反应测试训练与监控系统。敏捷反应测试训练与监控系统是一种针对个体反应速度和精准性进行训练和监控的系统。它通过结合先进的传感器技术和数据分析算法，实时记录个体的反应时间和准确度。该系统提供多种精心设计的反应训练模式，旨在提高个体的反应速度和决策能力。同时，系统还能生成详细的训练报告和统计数据，帮助用户评估训练效果和进步情况。敏捷反应测试训练与监控系统广泛应用于体育训练、职业培训、医学研究等领域，为用户提供个性化、科学化的反应训练和监控方案。

（10）无轨迹速度爆发力训练台。无轨迹速度爆发力训练台是一种专门设计用于提升运动员速度和爆发力的训练设备。该训练台采用先进的技术和创新设计，使运动员在没有任何限制或轨迹的情况下训练。通过使用该训练台，运动员可以进行快速、爆发力和敏捷性训练，以提高他们在竞技场上的表现。这个训练台的设计可以根据不同的训练需求进行调整，方便运动员进行个性化的训练。它提供了一种安全、高效和刺激的训练方法，帮助运动员达到更高的速度和更强的爆发力水平。无轨迹速度爆发力训练台已成为许多专业运动队和训练机构的首选设备，对追求顶尖表现的运动员来说是不可或缺的工具。

（11）团队或个人心率监控系统。团队或个人心率监控系统是一种专门设计用于实时监测和记录心率的系统。它通过使用传感器技术和先进的算法，能准确地测量用户的心率数据。该系统可以以小型便携设备的形式存在，如智能手表、胸带或手持设备，还可以通过蓝牙或其他无线技术与手机或计算机等设备连接，将心率数据传输到相应的应用程序或平台上进行分析和记录。团队或个人可以使用这个心率监控系统来实时了解自己的心率状况，监测身体健康，优化运动训练或者在需要时进行健康干预。

二、大数据技术在体能训练监控中的应用

大数据技术的介入，使体能训练数字化、实时化监控成为现实，训练即监控、监控即训练，在力量与爆发力训练、神经反应速度训练、耐力训练过程中开展实时监控，以及对运动员进行综合竞技状态监控，为运动员的表现提升提供科学支撑。

（一）力量训练的数字化监控

力量训练/抗阻训练是体能训练的重要内容之一，传统阻力训练强度主要是基于个体1RM 百分比，即采用百分比力量训练法。这种训练有其明显的局限性：耗时、灵活性与实时性低、忽略个体状态波动等。

1. 基于速度的力量训练监控

近年来，随着大数据技术在体育领域的广泛应用，基于速度的力量训练方法逐渐受到国外的普遍认可。这种方法基于个体负荷速度曲线，通过实时测量运动员在一定负荷下重复完成动作的速度，并根据个体每日波动下的移动负载状态和能力来调整负荷，实现对训练的监控和调整。

基于速度的力量训练方法被视为一种"自动调节"形式，既可以作为训练方法，也可以作为监控手段。教练员可以根据训练目的，在特定速度区域内跨不同负荷区间进行力量训练，相比传统的基于百分比的训练方法更高效、更精准。作为监控手段，基于速度的力量训练可以更精确和客观地量化力量训练的强度。通过衡量速度损失、速度截止和最小速度阈值等指标，进一步完善了力量训练的监控体系。基于速度的力量训练对提升力量和爆

发力的效果更为显著。

目前，用于基于速度的力量训练的仪器和技术逐渐多样化，其可靠性也得到了证实。例如，高速视频分析仪和三维运动捕捉系统等技术可以测量运动速度、移动负载速度和负荷完成重复速度，并搜集运动学和动力学信息，为教练员提供量化的数据。基于速度的力量训练方法将速度从仅仅作为成绩指标转化为客观实用的监控工具。

2. 飞轮离心训练监控

飞轮训练器是当前离心力量训练中实现可视化数字监控的主要工具。这种训练器采用飞轮离心装置，能改善最大力量和其他相关力量指标。飞轮离心超负荷训练能带来多项益处，包括肌肉质量增长、最大主动收缩能力提高、重复最大力量增加、肌肉力量增强、跳跃能力提高以及跑步速度提升等。

飞轮离心训练器通过其独特的设计和运动原理，可以提供高度可视化的数字监控。运动员可以实时监测自己的训练参数，如功率输出、速度、距离和心率等。这种数字监控的方式使训练过程更加科学和精确，能更好地评估和调整训练强度和效果。

飞轮离心训练对身体的影响是显著的。通过进行飞轮离心超负荷训练，肌肉质量可以增长 5%~13%，最大主动收缩能力可以提高 11%~39%，1 次重复最大力量（1RM）可以增加 12%~25%，肌肉力量可以提高 10%~33%，跳跃能力可以提高 6%~15%，而跑步速度可以提高 2%~10%。尽管在离心训练的初始阶段，可能会伴随着肌肉损伤和炎症反应，但这些过程会很快减弱，在训练后不久就会显著减轻。这表明，这些过程对肌肉并没有负面影响，而是有助于适应和提高肌肉功能。

飞轮离心训练器的使用有两项主要优势：①提供了定量的数字监控，使运动员和教练员能更好地了解训练过程和进展情况；②具有可调节的阻力，可以根据个体的能力和训练目标进行个性化调整。此外，飞轮离心训练器具有较低的冲击力和较小的受伤风险，适合广大人群进行力量训练。

(二) 速度训练的数字化监控

许多竞赛项目在竞赛规则的约束下，竞技本质是不同形式的竞速，大数据技术为不同速度能力的测试与训练监控提供了新的手段。

1. 反应式动作速度训练监控

反应式动作速度训练监控是一种用于提高运动员速度和反应能力的训练方法，通过监控和评估运动员在不同动作中的反应时间和执行速度，为训练和表现提供有针对性的反馈和指导。这种训练监控方法在体育竞技、军事训练和许多其他领域都有广泛的应用。

反应式动作速度训练监控依赖于先进的传感器技术和数据分析系统。常用的监控设备包括高速摄像机、光电门、运动捕捉系统和惯性测量单元（IMU）等。这些设备可以准确地捕捉运动员的动作和时间数据，并将其传输到计算机系统进行实时分析和反馈。

在训练过程中，运动员经历各种不同的反应式动作速度训练任务，如起跑、转向、变速和刹车等，通过监控设备记录下运动员的起始时间、终止时间和动作执行时间等关键数据，系统可以计算出运动员的反应时间、加速度和速度等参数。这些数据可以与事先设定的目标数值进行比较，并通过实时反馈来指导运动员的训练和提高。

通过反应式动作速度训练监控，运动员可以获得以下四种好处：

（1）提高反应速度，通过不断进行反应式动作速度训练，运动员可以提高其神经系统的反应速度和执行速度。系统的实时监控和反馈帮助运动员意识到自身的改进空间，并激励他们更加专注和努力地训练。

（2）优化技术细节，训练监控系统能准确捕捉运动员的动作细节，帮助教练员发现和纠正技术问题。通过分析数据，教练员可以识别出运动员在不同动作中的弱点和改进方向，并针对性地进行训练计划的调整。

（3）个性化训练计划，训练监控系统可以根据每个运动员的表现和需求，为其制订个性化的训练计划。通过对数据的分析和比对，系统能确定每个运动员在不同动作中的优势和劣势，并为其量身定制适合的训练方案。

（4）比赛模拟和应对压力，训练监控系统可以模拟比赛场景和压力环境，帮助运动员提前适应和应对竞争中的挑战。通过实时反馈和竞争模拟，运动员可以增强自信心，并更好地掌控比赛中的决策和执行。

总之，反应式动作速度训练监控是一种先进的训练方法，通过实时监控和分析运动员的动作和时间数据，提供个性化的反馈和指导，帮助运动员提高速度和反应能力。这种训练监控方法在提高竞技表现、优化技术细节和个性化训练计划等方面具有重要作用，并在体育领域得到广泛应用。

2. 快速收缩复合练习训练监控

快速收缩复合训练是一种针对下肢爆发力训练的有效方法，已经通过多项研究得到证实。为了监控和评估快速收缩复合训练的效果，出现了一些数字化的工具和设备，其中包括智能跳跃垫（SmartsJump）和 Newton 跳跃垫等。这些设备可以实时监测运动员在快速收缩复合训练过程中的关键指标，提供数据支持和反馈。

SmartsJump 和 Newton 跳跃垫是两种常用的数字化监控手段，用于测量运动员在快速收缩复合训练中的触地时间。这些跳跃垫装备了高精度的传感器系统，能准确测量运动员从跳箱落地时的触地时间。触地时间是衡量爆发力和反应能力的重要指标之一，通过监控触地时间，教练员和运动员可以了解训练的效果和改进的方向。

在许多需要快速爆发力的运动项目中，如篮球、足球、田径等，运动员的脚触地时间非常短暂。通过使用跳跃垫进行实时监控，可以精确测量每次着地的触地时间，并将其与预设的目标数值进行比较。运动员可以根据监控数据和反馈，调整训练强度和技术细节，以提高爆发力和反应能力。

这些数字化监控手段的使用带来了许多优势：一方面，提供了准确和实时的数据反馈，帮助运动员了解自己的表现和改进空间；另一方面，监控设备的数字化输出使数据分析更加方便和快捷，教练员可以根据数据结果制订个性化的训练计划。此外，这些设备的可移动性和易于使用性，使它们可以在不同训练场地和场合中灵活使用。

快速收缩复合训练监控的目标是帮助运动员提高下肢爆发力和反应能力。通过实时监测触地时间，运动员可以了解自己的进展和训练效果。这种数字化监控手段的应用在训练和竞技过程中起到了重要的辅助作用，促进了运动员的技术提升和训练效果的最大化。

（三）耐力训练的数字化监控

1. 周期性运动项目

周期性运动项目是指一类具有循环性质的运动，如自行车骑行、跑步、游泳等。这些项目通常涉及长时间、高强度的运动，对运动员的能量代谢和耐力要求较高。在周期性运动项目中，监控运动员的关键参数和指标对评估训练冲量、训练效果和提高竞技表现至关重要。

在周期性运动项目中，可以通过监控以下四个方面来评估运动员的能量代谢、训练表现和训练效果。

（1）完成距离和速度。通过全程距离和平均速度等指标，可以评估运动员在训练或比赛中的运动强度和效率。这些数据可以帮助教练员和运动员了解训练的强度和进展情况，并根据需要进行调整和优化。

（2）心率及其衍生指标。心率是反映运动员身体状况和运动负荷的重要指标。通过监测运动员的心率，可以了解其在运动过程中的心血管系统反应和耐力水平。同时，可以计算心率变异性（HRV）等衍生指标，以评估运动员的自主神经调节和恢复能力。

（3）训练冲量。训练冲量是指运动员在训练中所受到的负荷和刺激程度。通过监测运动员的训练强度、持续时间和恢复情况，可以评估训练冲量的大小。这有助于确定适当的训练负荷和恢复策略，以提高运动员的适应能力和竞技表现。

（4）运动后过量氧耗。过量氧耗是指运动结束后持续消耗氧气的现象。通过监测运动员的过量氧耗水平，可以评估其身体对运动的代谢适应和恢复能力，有助于确定训练的长期效果和个体差异。

综合上述指标和数据，可以对周期性运动项目的训练进行综合评估。运动员和教练员可以根据监控结果调整和优化训练计划，以提高能量代谢、训练表现和竞技水平。

2. 非周期性的训练方式

非周期性的训练方式是一种通过个人或团队心率监控设备来监测运动员在训练过程中的心率及其衍生指标的方法。这种方式能有效地帮助教练员和运动员即时掌握训练的强度，了解训练的效果，并根据不同的训练目的将心率控制在目标心率区间，从而实现对训练过程的实时调控，提高训练的针对性和有效性。

心率监控设备可以是各种类型的传感器和监测器，如心率带、智能手表、胸带等。这些设备可以准确地测量运动员的心率，并根据心率数据计算出衍生指标，如运动员的心率变异性、燃脂心率区间、有氧心率区间等。通过监测这些指标，教练员和运动员可以了解训练过程中的身体反应和适应情况，从而做出相应的调整和优化。

非周期性的训练方式可以应用于各种不同的运动项目和训练目的。无论是耐力训练、力量训练还是间歇训练，监控心率都可以帮助教练员和运动员更好地控制训练的强度和时机。例如，在耐力训练中，教练员可以根据运动员的目标心率区间来设定训练强度和持续时间，以达到最佳的有氧训练效果。在力量训练中，监控心率可以帮助教练员确保运动员在适当的心率区间内进行高强度的力量训练，以提高肌肉力量和耐力。

此外，非周期性的训练方式还可以帮助教练员和运动员评估训练的效果。通过比较不同训练周期内的心率数据和衍生指标，可以了解训练的改善情况，判断训练计划的有效性，并及时调整训练策略。这种实时的反馈和调控机制可以提高训练的针对性和有效性，使运动员能更好地适应训练负荷，提高竞技水平。

总结起来，非周期性的练习方式通过个人或团队心率监控设备实时监测运动员的心率及其衍生指标，帮助教练员和运动员掌握训练强度和效果，调控训练过程，提高训练的针对性和有效性。这种方式对不同类型的训练和运动项目都具有广泛的应用价值，可以帮助运动员取得更好的训练成果和竞技表现。

3. 对抗类项目

对对抗类项目，如格斗项目和球类项目，运动员的耐力是取得竞技优势的关键之一。在这些项目中，高强度间歇无氧耐力是耐力训练的主要形式。通过数字化监控运动员的心率及其衍生指标，可以有效地提升训练的质量和效果。

在对抗类项目的耐力训练中，心率监控设备可以帮助教练员和运动员掌握训练的强度和间歇周期。高强度间歇训练通常包括一段时间的高强度运动，紧随其后的是一段较短的恢复期。通过监测运动员的心率，可以确保他们在高强度运动期间达到目标心率区间，并在恢复期间让心率适当下降。这种训练方式可以增强肌肉的无氧耐力，提高短时间内的爆发力和恢复能力。

通过数字化监控，教练员和运动员可以实时获取心率数据和衍生指标，如最大心率、平均心率、心率变异性等。这些数据可以帮助教练员评估运动员的耐力水平，并根据实际情况调整训练。例如，如果一个运动员的心率在高强度间歇训练期间无法达到目标心率区间，可能需要增加训练的强度或延长高强度运动的时间。相反，如果一个运动员的心率在恢复期间无法适当下降，可能需要增加恢复时间或改变恢复方式。

此外，数字化监控还可以帮助教练员和运动员分析训练效果。通过比较不同训练周期内的心率数据和衍生指标，可以评估耐力水平的改善情况，并确定训练计划的有效性。如果运动员的心率数据显示出持续的改善趋势，这表明训练计划是成功的。反之，如果心率数据没有明显的改善或出现退步，可能需要重新评估训练策略并进行调整。

数字化监控还可以提供数据分析和记录的功能。教练员可以记录每次训练的心率数据和衍生指标，建立运动员的个人数据库。通过分析历史数据，可以了解运动员的训练进展和潜力，并为制订更精确的训练计划提供依据。同时，数据分析还可以帮助教练员发现潜在的问题或异常情况，及时进行干预和调整。

总之，数字化监控运动员的心率及其衍生指标在对抗类项目的耐力训练中具有重要作用。通过监控心率，教练员和运动员可以掌握训练强度和间歇周期，实现高强度间歇无氧耐力训练的最佳效果。同时，通过数据分析和记录，可以评估训练效果并进行精细化调整，以提升运动员的竞技水平。

第二节　新媒体时代运动训练模式的创新

探讨新媒体技术与大学生运动训练相结合的可行性及优势，就需要从运动训练的主体大学生着手。大学生热情、活泼、乐于接受新生事物，新媒体技术因其符合大学生的特点，一经推出就深得大学生的喜爱。兴趣是最好的老师，将兴趣和相对枯燥的基础运动训练结合起来，对调动大学生训练的积极性、主动性可以起到明显的促进作用，运动训练效果也必将事半功倍。

一、新媒体时代大学生运动训练的新特点

1. 迎合了大学生的年龄特点，激发其学习兴趣

大学生的年龄决定了他们对活泼、新鲜、有趣事物的喜好，对枯燥乏味、一成不变的事情往往难以产生兴趣并持久坚持。在运动训练领域，基础训练阶段通常相对枯燥，如何激发大学生对训练的兴趣和热情成为教练员需要思考的问题。而在新媒体中，存在许多新鲜有趣的体育运动游戏，如足球、篮球、高尔夫等模拟竞技游戏，这些游戏可以让大学生在体验竞技体育乐趣的同时，不知不觉地了解运动和比赛的规则，培养对专业领域的兴趣。许多在平时训练中难以理解的战术和战略，也可以通过游戏更好地体会和运用。

利用可穿戴智能设备，如运动手表等，可以将运动数据上传到朋友圈进行分享和竞赛。这样不仅培养了大学生的竞争意识，而且为了展现最佳形象和运动成果给他人，大学生运动员的投入和积极性也大幅提高，训练效果也能得到快速提升。

通过以上方式，可以引导大学生通过游戏和可穿戴智能设备参与运动，从而激发他们对训练的兴趣和热情。这种结合游戏和科技的方法不仅让训练过程更有趣味性，还能加强大学生的学习和理解能力，以及培养他们对运动的热爱和专业领域的兴趣。同时，通过分享和竞赛的方式，还能促进社交互动和竞争意识的培养，进一步提高大学生运动员的积极性和主动性。

2. 新媒体的直观性可以更好地展示训练的技术内容

我国过去在大学生运动训练上存在一种弊端，被称为"三早"，即早期进行高强度的体能训练、追求早期成绩，以及早早结束运动生涯。这种模式导致了我国大学生在早期取得了很好的运动成绩，但成年后却很难在世界舞台上保持领先地位。同时，这种过度强调早期体能训练的做法也容易导致大学生运动员在身体未成熟的情况下承受过大的训练负荷，增加运动损伤的风险，对运动寿命产生不利影响。

大学生的运动训练与成年运动员存在着差异，更应该注重知识、技能和协调性的教授和训练，而不是过度强调不符合自然发育规律的高强度体能训练，从而透支了他们的发展空间。在这方面，新媒体在体育知识、技术动作分解和传播方面具有显著优势，更符合大学生运动员的学习和训练需求。

新媒体技术可以通过直观形象的方式将枯燥的动作描述和讲解呈现出来。通过视觉和听觉等多感官刺激，深化运动员对动作特点的理解，激发他们自觉地学习和模仿。新媒体的运用使大学生运动训练进入了直观形象化教学阶段，有利于大学生运动员在文化理论和技术动作方面进行规范学习，为今后的运动训练奠定坚实的理论基础，建立正确的动作姿

态模式。

通过运用新媒体，教练员可以借助视频教学、互动应用程序和社交媒体等工具，为大学生运动员提供更直观、丰富的训练内容和教学资源。他们可以将体育知识、技术动作的分解与讲解以及优秀运动员的示范通过新媒体平台广泛传播，让更多的大学生运动员受益。这种方式不仅能提高训练效果，也能提升大学生的学习兴趣和参与度。

同时，新媒体的应用还可以为大学生运动员提供在线交流和学习的平台。他们可以通过网络社群和线上竞赛与其他大学生运动员互动，分享训练心得和经验，共同进步。这种社交互动不仅有助于培养大学生运动员的竞争意识和团队合作精神，也能促进他们在训练中的成长与进步。

3. 互动性有利于增强师生、队员之间的交流，增强凝聚力

新媒体技术的出现极大地改变了人与人之间的沟通方式，实现了即时的交流和反馈。在过去，运动训练中的师生交流主要限于课堂上的教学，而由于对教练的敬畏，运动员与教练之间的交流相对较少。然而，通过微信、微博、朋友圈等新媒体平台，大学生运动员可以更加自由地通过文字、音频、视频等方式及时向教练反馈自己在训练中遇到的问题，获得教练的实时指导和建议。

大学生运动员之间也可以通过转发、点赞、评论等互动方式进行交流。这种交流的增加使团队的信任度和凝聚力显著提高，对需要团队合作的运动项目来说，具有非常重要的意义。通过新媒体平台的互动，大学生运动员可以分享彼此的训练心得、经验和成果，相互鼓励和支持。这种团队之间的交流和互动不仅促进了友谊和合作，还有助于提升整个团队的整体水平和表现。

此外，新媒体技术还为教练员提供了更广泛的资源和信息，可以通过在线教学、视频教程等方式向大学生运动员传授知识和技能。教练员可以利用新媒体平台发布训练计划、技术讲解和战术分析等内容，使运动员可以随时随地学习和训练。大学生运动员可以根据自己的时间和需求自主选择学习的内容，并在需要时向教练进行进一步的咨询和解惑。

总的来说，新媒体技术的应用使大学生运动训练中的交流和反馈变得更加便捷和及时。通过与教练和队友之间的互动，大学生运动员能更好地理解和应用教学内容，解决问题并不断提升自己的训练水平。同时，新媒体平台还能促进团队合作、增强团队凝聚力，为大学生运动员的成长和发展提供有力支持。

4. 数据及时传输和分析功能为运动训练的效果助力

为了确保大学生运动训练的质量达到标准，监测和评估运动员在训练前后的身体指标和训练效果是非常重要的。传统的训练模式中，通常依靠人工记录这些数据，但其时效性

和准确性存在一定的局限性。然而，随着智能穿戴设备等新媒体终端的出现和应用，数据的实时传输和分析成为可能，为教练员提供了更全面的训练过程跟踪和评估手段。

　　智能穿戴设备，如运动手表、智能手环等，可以搜集和记录运动员的运动数据，如心率、步数、消耗的热量等。通过这些设备，教练员可以实时了解运动员的身体状况和运动状态，对训练过程进行全程跟踪掌握。同时，这些设备还能将数据传输到云端进行存储和分析，为教练员提供更深入的数据对比和评估。

　　利用新媒体技术，教练员可以通过专门的应用程序或在线平台搜集、整理和分析运动员的数据。这些平台通常具备数据可视化的功能，以图表、图像等直观的方式展示数据，使教练员更加直观地了解运动员的训练情况和效果。通过对比分析不同时间段的数据，教练员可以及时发现运动员的优势和不足，并相应地调整训练内容和强度，以提升训练效果和个人能力。

　　此外，新媒体技术还提供了团队合作和数据共享的便利。教练员可以通过云端平台将运动员的数据共享给其他相关人员，如医生、营养师等，以便他们共同协作，为运动员提供更全面的健康管理和训练指导。团队成员之间也可以通过在线平台进行讨论和交流，共同探讨数据分析的结果和训练方案，进一步提高训练质量和成才率。

　　综上所述，新媒体技术的应用为大学生运动训练提供了更准确、实时的数据监测和评估手段。通过智能穿戴设备和在线平台，教练员能够全程跟踪运动员的训练过程，及时调整训练内容和强度，提升训练质量和成才率。这种数据驱动的训练方式有助于大学生运动员的个人成长和发展，并为他们在竞技体育中取得更好的成绩奠定了坚实的基础。

二、新媒体在大学生运动训练中的实际运用

1. 加强视频功能的运用

　　对于视频功能的运用，可以是运动训练前要求大学生自己先搜索相关训练内容提前进行了解；也可以是教练课上采用比较专业的手段对相关网络视频进行讲解和分析，灵活运用视频的快进、慢放、重放功能，对技术的难点和要点进行重点提示和加强教学；还可以推荐大学生课下观看需要加强的相关动作视频进行练习。视频的形象化和专业化可以加强大学生对教练口头描述的记忆和理解，配合实战视频赏析，逐步提高大学生对运动的兴趣和竞技的水平。

2. 善于运用录像辅助教学

　　在教学阶段，新媒体终端设备，如智能手机、平板电脑等的运用对动作姿势的纠正和改进起到了很大的便利作用。学生可以通过这些设备将自己的动作姿势录制下来，并方便

地与专业视频进行对比。这种对比分析可以帮助学生更加准确地识别和纠正动作中的问题。

通过将自己的动作姿势录制下来并与专业视频对比，学生可以发现自己与专业水平的差距。这有助于他们意识到自己的不足之处，并通过修正和改进来提高自己的技能水平。此外，如果学生在对比过程中遇到困惑或问题，他们可以将录像发送给教练请教。教练可以通过观看录像并提供指导和建议来帮助学生改善动作。通过多次录像对比和教练的指导，学生可以逐渐缩小与规范动作之间的差距。

录像不仅可以用于动作姿势的纠正，还可以帮助学生确定自身训练中需要加强的方面。通过观看录像，学生可以直观地看到自己的训练状态和表现，并发现自己在哪些方面需要更加努力和加强训练。这使他们能有计划、有针对性地进行相应的训练，以进一步提升自己的技能和能力。

另外，新媒体技术还可以通过在线平台或社交媒体的形式，将学生的训练录像与其他同学共享和交流。学生可以相互观看、评论和分享彼此的训练录像，从而促进团队合作和共同进步。这种互动和交流的机制可以为学生提供更广阔的学习和成长平台。

3. 引入"微课"教学模式，为训练增添新活力

"微课"是教练针对某个知识点或难点、要点等录制的相关教学短视频。教练提前确定短视频要传递的主要核心内容，准备简短的介绍和总结，将技术动作配合讲解录制为1~3分钟的短视频，布置课后任务并上传到网络供运动员学习和使用。大学生可以根据情况自由选择学习进度和内容，并完成教练布置的任务，还可将学习录像回传给教练得到反馈指导。自我感觉不错的录像可转发朋友圈得到队友和亲友的点赞和鼓励，增加大学生运动训练的信心和成就感。调查显示，相比传统录像和视频时间长、更新慢的问题，微课教学具有主题鲜明、时间短、效率高、互动性好等特点，深受大学生运动员的喜爱。

第三节　虚拟技术在运动训练领域的创新

虚拟现实（VR）是一种计算机生成的可交互、沉浸式的技术，通过模拟环境、感知、自然技能和传感设备等要素，创造出具有逼真感的虚拟三维仿真空间。这项技术在各个领域都展现出了巨大的潜力和应用前景。

在游戏、直播、影视等领域，VR技术已经得到了广泛的应用和认可。通过VR技术，用户可以沉浸于游戏世界中，获得更加身临其境的游戏体验。在直播和影视领域，VR技

术可以为用户提供更加沉浸式的观影体验，让他们感觉自己身处电影或演出的现场。在教育领域，VR 技术可以为学生创造出沉浸式的学习环境，增强他们的学习效果和兴趣。

一、VR 运动训练平台建立可行性分析

"互联网相关技术的发展，加快了运动训练与 VR 技术的紧密融合。"[①] VR 运动训练平台是虚拟现实技术在体育领域与游戏 VR 领域有机的结合。根据前期对训练场景、训练环境、训练对手、队友、场地、器材、动作模式、战术分析等数据的搜集和建模，使这些东西能精确真实地出现在穿戴设备中，针对教练员的安排能准确地将动作模式、战术配合等呈现在即将训练人员的眼前。再根据手持设备或皮肤表面刺激，让运动员在 VR 设备预先设置下，练习或比赛。

运动员在实际训练过程中，往往因为各种因素的影响，很难有效地完成训练任务。有了 VR 训练平台，可以大大缩短一个运动员的成型期，紧密控制训练内容，增加训练的技巧且能降低受伤概率，这样的训练平台对初学者来讲十分友好，对教练员来说更不用费时费力地去针对个人技术动作的成型而烦恼。

二、VR 训练平台建立目标

1. 运动员模拟训练

VR 训练平台为教练员提供了一种利用提前准备好的数据来分配运动员训练安排的方式。在这个设备中，运动员可以进行一些在平常训练中较为危险的动作，并进行针对性的单人或团体训练，以达到对新手的动作定型练习和对专业运动员的查漏补缺的效果。

平台在建立的初期阶段，会搜集运动员个人的身体形态、运动模式、动作习惯等数据，并进行大数据分析。通过分析运动员的数据，平台可以呈现最适合他们的动作和战术体系，并将这些信息展示在头戴式设备和训练投屏上。

同时，在每次实战过后，运动员可以将对手运动员的个人数据、战术以及自己的实战数据输入云数据平台进行运算和搜集。这样的操作有助于对实际比赛中的数据进行分析和总结，从而提供更全面的训练反馈和指导。

通过 VR 训练平台，教练员可以更加精准地为运动员制订训练计划，根据个人特点和需求进行针对性的训练。同时，运动员可以在虚拟环境中进行高风险动作的练习，提高技术水平和反应能力。这种虚拟训练的方式可以提供更安全和可控的环境，减少受伤的风险，并为运动员提供更多的练习机会。

①郝萍，蔡赟. 基于 VR 技术的 ESPORT 训练管理系统设计与实现 [J]. 科技与创新，2023（1）：45.

2. 赛事观赛

VR 训练平台将每场比赛数据、双方队员特点进行搜集和建模，让每场比赛能真实出现在训练平台中。能让教练和队员从不同角度观看到双方比赛，对每个队伍或队员的发挥进行分析和应对。赛事直播中，NBA 一直追寻着为用户带来更好的观赛体验。VR 也成了他们的不二之选，他们与 NEXTVR 合作，采用 VR 实时直播的方式点播比赛，让用户身临其境，仿佛置身在比赛场中央或场边观赛。这是对观赛爱好者的福音，足不出户就能从现场各个角度观看自己喜欢的比赛，能让体验者感受到真实的体验效果。

三、构建完善的 VR 运动训练平台

平台的建设应有更多的硬件进行支持，包括教练员指挥系统、VR 动作捕捉器和捕捉系统、VR 多方位运动平台、VR 图像工作站、VR 生理数据采集系统、数据服务器、头戴成像装备等都是需要进一步构建和完善的硬件设备。除了现阶段已有的传感器、穿戴设备等，一些更具真实性的设施也需要逐渐完善。目前来讲，还有许多人有 3D 眩晕症，正常人也不能穿戴这些设备太长时间，虚拟环境中的延迟性和色彩、眼睛的匹配度并没有达到很好的契合。所以，在建模与环境搜集和建设中，这也成为训练平台建设的关键要点。

1. 教练员指挥系统

让教练员在平台中具有指挥、训练、评估、突发情况处理、数据搜集、环境更换和战术安排等功能；能对运动员心理、身体状态进行检测和评估，安排训练方案；更换训练环境，让队员适应在不同环境下比赛和训练的状态和能力。

2. VR 动作捕捉器和捕捉系统

在对标准动作模型的建立和队员训练时动作的搜集，VR 动作捕捉器就能将这些动作进行搜集和分析。在捕捉系统的大数据支持下，能将此动作完成度、用力方向、关节压力等数据进行合理分析和搜集，并且能根据个人习惯设定训练建议，纠正错误动作。

在赛前，教练可以根据观看对手以前的比赛模型、每个对手的动作习惯和教练的战术安排来制定本方队员的应对措施。赛中，可以实时观测搜集对方队员技战术变化和本方队员的实时数据来调整人员和战术。能及时地对赛场的情况进行改变，大大增加了教练员对场上情况的控制，同时比赛的观赏程度也大大增加了。赛后，通过在平台中比赛实时回放，总结比赛，找出己方弱点进行针对性训练，并且更新数据库人员数据，达到实时分析、战术调配的效果。日常训练和生活中，都有心理和生理监测系统，能将队员心理状态和身体状态进行搜集和分析，清晰地划分队员的比赛周期，让教练能科学安排训练周期，让运动员在赛前能调整到最佳状态。

3. VR 多方位运动平台

VR 多方位运动平台是一种利用虚拟现实技术，在实体空间中进行运动训练的平台。在这个虚拟空间中，运动员可以进行各种动作练习，并通过传感器的连接实现对身体动作的感知和捕捉。这种平台可以实现 360°的动作捕捉和感知，即可以全方位地记录和分析运动员的动作模式、方向和力度。通过与虚拟环境的互动，运动员可以进行真实的动作练习，而系统会实时对其动作进行监测和反馈。

VR 多方位运动平台的优势在于其高度沉浸式的体验和实时的数据反馈。通过虚拟现实技术，运动员可以身临其境地感受运动的过程，增强训练的真实感和参与感。同时，系统会即时记录和分析运动员的动作数据，通过数据反馈和可视化展示，运动员可以了解自己的动作表现，并及时调整和改进。VR 多方位运动平台还可以提供个性化的训练方案和挑战，根据每个运动员的特点和需求进行定制化的训练。运动员可以根据自己的目标和能力水平选择不同的训练模式和难度级别，以提高训练效果和达到更高的竞技水平。

4. VR 生理数据采集系统

VR 生理数据采集系统是一种能监测和采集运动员身体和心理状态的技术系统。它通过传感器和设备的连接，实时获取和记录运动员的生理数据，包括心率、血压、呼吸频率、肌肉活动等指标。同时，它还能分析和评估运动员的心理状态，如焦虑程度、疲劳感和压力水平等。这种系统的主要目的是防止运动员因为伤病和心理障碍问题对训练产生不良影响。通过监测运动员的生理数据，教练和医疗团队可以及时了解运动员的身体状况，识别潜在的健康风险和问题。如果系统检测到运动员出现异常情况，如过高的心率、血压异常或明显的疲劳感，便会发出警报提醒，建议运动员适当休息或寻求专业医疗帮助。

此外，VR 生理数据采集系统还可以帮助运动员更好地管理和调节自身的训练状态。通过对生理数据的实时监测和分析，运动员可以了解自己的身体反应和疲劳程度，合理安排训练计划和强度。同时，系统也可以提供个性化的建议和指导，帮助运动员改善训练效果和保持身体的健康状态。这种系统的应用对一些身体和心理病症较为严重的队员尤为重要。系统可以在早期发现和识别他们的问题，并及时发出警报提醒。同时，系统还可以提供针对性的建议，例如合适的休息和恢复方式，或者建议寻求心理辅导等，以保证他们的健康和安全。

5. 数据服务器

数据服务器在 VR 训练中扮演着重要的角色，它能搜集和储存来自各个方面的数据，包括数据图像、个人数据、战术配合和动作方式等。这些数据的储存和管理可以满足日常的 VR 训练需求，并提供数据支持和分析。

随着 5G 和大数据技术的发展，数据服务器的功能将变得更加多样化和强大。5G 网络的高速和低延迟特性，可以实现实时数据传输和交互，为训练和比赛提供更快速、更准确的数据支持。大数据分析技术可以对大量的训练和比赛数据进行深入分析，提取有价值的信息和模式，为教练员和运动员提供科学化的训练指导和决策支持。

通过数据服务器，教练员可以随时访问和查看运动员的训练数据，了解他们的训练进展和表现。这样的实时监测和反馈能帮助教练员及时调整训练计划和方法，有针对性地进行训练改进。同时，数据服务器也为教练员和运动员提供了一个共享和交流的平台，他们可以通过数据分析和讨论，共同探讨训练策略和技术改进的方法。

6. 头戴式或投屏式装备

头戴式装备，如 VRBox，可以将头部包裹在设备内，通过第一人称视角观察自身的运动动作与标准动作之间的差异，并提供差异范围以进行修正。这种装备能让运动员身临其境地感受训练环境，同时通过视觉反馈来纠正和改进动作。

投屏式 VR 装备则是在一个较大的空间内进行训练，通常配备动作捕捉器和全方位运动平台。在这种装备下，标准动作会被投射到中央的屏幕上，运动员可以根据自身情况进行训练和改正。这种装备为运动员提供了无障碍的训练空间，可以根据需要进行多角度的观察和调整。

这些虚拟现实装备的应用为体育训练带来了许多优势。首先，它们提供了一种身临其境的训练体验，让运动员更加沉浸在训练中。通过实时的视觉反馈，运动员能清晰地观察自己的动作，并与标准动作进行对比和修正。这些装备还可以为运动员提供个性化的训练方案和指导，根据运动员的身体数据和动作表现进行分析，系统可以有针对性地提供训练建议和改进方向。这样的个性化指导有助于运动员更加高效地提升技能和水平。

虚拟现实装备还能创造出各种训练场景和情境，使训练更加多样化和有趣。运动员可以在虚拟环境中进行不同类型的训练，模拟比赛场景和实际运动情境，提高他们在真实比赛中的适应能力和表现水平。

四、虚拟现实在体育训练中的创新实践

1. 设计体育训练仿真系统，构建标准体育技术动作

一般而言，学校体育训练的关键是需要大量的训练时间与技术动作，并在体育训练中尽可能地把体育动作变得更加标准。当前，越来越多的学校已经注意到了虚拟现实技术的重要优势，并不断地建构一个有关体育训练的仿真系统，以便于更全面地分析出运动员关于体育训练的全部内容，并对运动员技术动作中存在的问题加以分析，在方针系统中为运

动员制订出更加规范化与科学化的体育训练计划，以便于运动员加强训练，进而提升体育训练的整体效果。

对此，体育训练仿真系统依托于计算机虚拟现实技术，需要体育教师了解并掌握虚拟现实技术的相关知识及使用方法，并结合学生的体育学习现状，对学生因材施教。在体育训练仿真中应用虚拟现实技术不仅可以增加并提高运动员的科学有效的训练水平以及他们的运动竞技水平，更重要的是，体育教师还可以在体育训练仿真系统中添加一些标准化的体育动作，在计算机的作用下分解动作。这时候，学生不仅可以更加深刻地认识到自身的训练动作，也在体育训练方针系统中和同学、教师及时交流，逐步增强体育训练效果。为了更加细致地分析出体育训练的动作，借助于计算机虚拟现实技术就能在仿真系统中构建科学标准的体育动作，通过和实际体育训练中的动作进行对比，就能找出学生体育训练和标准体育动作之间的差异，并依据标准动作不断地改正体育训练的动作，在最短的时间内纠正体育训练动作并达到标准水平。

2. 构建虚拟化体育训练环境，营造良好的体育训练氛围

计算机虚拟现实技术在体育训练中的创新应用具有重要意义。通过构建虚拟化体育训练环境，可以为学生营造良好的训练氛围，提高训练的趣味性和积极性。学生在虚拟环境中进行体育训练时，能激发更饱满的热情和力量，更加专注于训练过程。

体育教师可以根据学生的兴趣和需求，借助计算机虚拟现实技术构建超现实的体育训练环境。通过引导学生尽快适应新的训练环境，可以提升他们的体育训练水平。教师可以在虚拟试训环境中添加体育赛事的集训，要求全班同学积极参与，并奖励每周排名前三的学生。这样的竞技氛围能激发学生的训练热情，并让他们在体育训练中体会到竞技的乐趣和训练的真正意义。长期以来，在这种竞争的体育训练氛围中，学生的体育水平也得到了提升。

通过计算机虚拟现实技术的应用，体育教师能创造更具吸引力和刺激性的训练方式，提高学生对体育训练的参与度和积极性。可见，虚拟现实技术不仅可以帮助学生体验真实的运动场景，还可以提供实时的反馈和指导，帮助学生纠正动作并改进训练效果。这种个性化的训练方式有助于激发学生的学习兴趣，提高他们的动力和投入程度。

在虚拟现实技术的支持下，体育教育也可以超越传统的时间和空间限制。学生可以在任何时间、任何地点进行虚拟训练，无须受制于实际场地和设备的限制。这为学生提供了更加灵活和便利的学习机会，有助于他们全面发展体育技能和素质。

3. 突破时间、空间限制，实现学校体育的异地互动训练

计算机虚拟现实技术在体育训练中的应用，突破了时间、空间限制，实现了学校体育

的异地互动训练。由于计算机虚拟现实技术具有交互性的特点，这时候，就能对体育训练进行异地交互锻炼。因为部分学校在体育竞技科目训练的过程中，不仅缺乏典型体育训练项目，也缺乏一些先进的体育训练项目，以至于一些学生一旦对这些体育项目非常感兴趣，却无法进行相应的体育训练。为此，在计算机虚拟现实技术下，通过在体育训练仿真系统中，学生就能选择任一体育项目进行训练，并在该系统下学习其他学校的体育课程，这就在很大程度上既丰富了学生的体育训练项目，也有助于提升学生的体育水平与培养学生的体育精神。

参考文献

[1] 陈接华. 大学体育教学之我见 [J]. 教育与职业, 2006 (8): 119-120.

[2] 韩东. 大学体育素质教育 [J]. 中国教育技术装备, 2010 (30): 47-48.

[3] 敬忠强. 大学体育管理之我见 [J]. 中国校外教育 (下旬), 2012 (8): 148.

[4] 雷斌斌. 刍议大学体育篮球教学 [J]. 读与写, 2017, 14 (22): 20-22.

[5] 华卫平. 浅论大学体育教学现状 [J]. 佳木斯职业学院学报, 2015 (7): 379, 381.

[6] 张平. 大学体育实践与理论 [J]. 湖北体育科技, 2015 (10): 916-917.

[7] 李楠. 大学体育运动现状 [J]. 教育教学论坛, 2014 (50): 210-211.

[8] 董明, 汤婕. 大学体育教学改革探索 [J]. 文体用品与科技, 2016 (16): 92-93.

[9] 唐磊. 大学体育教学改革探索 [J]. 当代教育实践与教学研究 (电子刊), 2016 (12): 303.

[10] 陈友民. 试论现代大学体育精神 [J]. 江苏高教, 2010 (5): 63-64.

[11] 李同辉. 论大学体育中的人文教育 [J]. 科技资讯, 2014, 12 (18): 167.

[12] 张敏. 大学体育教学效率研究 [J]. 南北桥, 2013 (11): 143-143.

[13] 杨一波. 体育强国背景下高校体教融合的实然之困与应然之策 [J]. 当代体育科技, 2023, 13 (5): 144.

[14] 梅冠东. 健康中国视域下高校大学生体育锻炼习惯养成路径研究 [J]. 拳击与格斗, 2023 (5): 60.

[15] 朱贺萌. 基于运动训练管理的体育教学实践探究 [J]. 体育世界 (学术版), 2020, (1): 128.

[16] 王欣. 大学田径运动训练管理方法 [J]. 山东农业工程学院学报, 2019, 36 (2): 52-53.

[17] 刘海国. 论运动训练中教练员科学训练计划制订的素养要求 [J]. 当代体育科技, 2018, 8 (16): 13+15.

[18] 马民宇. 运动训练中小周期计划的制订与实施 [J]. 当代体育科技, 2016, 6 (34): 34-35+37.

[19] 陈小平. 运动训练长期计划模式的发展：从经典训练分期理论到"板块"训练分期理论 [J]. 体育科学，2016，36（2）：3-13.

[20] 胡惕，姚蕾. 当代我国学校运动训练发展路径的研究 [J]. 北京体育大学学报，2015，38（12）：102-109+114.

[21] 刘颖华. 智能化运动训练计划系统的研究与设计 [J]. 微型电脑应用，2015，31（9）：56-59+5-6.

[22] 梁小军. 小周期化背景下运动训练计划的过程性特点 [J]. 体育科技，2014，35（2）：45-46+49.

[23] 李端英，李捷，杨群，等. 大数据时代高水平运动员体能训练数字化监控研究 [J]. 广州体育学院学报，2021，41（5）：104-108.

[24] 郝萍，蔡赟. 基于 VR 技术的 ESPORT 训练管理系统设计与实现 [J]. 科技与创新，2023（1）：39-41，45.

[25] 王金凤. 互联网背景下青少年运动训练创新模式研究 [J]. 青少年体育，2022（4）：74-75.

[26] 沈葵阳. 互联网背景下的青少年运动训练创新模式研究 [J]. 当代体育科技，2019，9（5）：39，41.

[27] 郝萍. 基于 VR 技术的全民运动训练平台构建重要性及分析策略研究 [J]. 文体用品与科技，2023，1（1）：187-189.

[28] 母顺碧，张爱华，赵泽顺，等. "互联网+"背景下体育专业理论课"微平台"教学互动实践研究 [J]. 文体用品与科技，2019，8（8）：93-94.

[29] 沈建敏. 体育教学创新与运动训练研究 [M]. 北京：新华出版社，2018.

[30] 胡盈盈，刘伶燕，郝鑫鑫，等. 普拉提运动对人体形态影响的研究 [J]. 科教导刊（下旬），2018（12）：157.

[31] 李萌，贾亮. 瑜伽运动在全民健身运动中的价值体现 [J]. 田径，2022（10）：28.

[32] 边挺. 大学生体育社团与高校校园文化的关联机制研究 [J]. 南阳理工学院学报，2023，15（1）：62.

[33] 吴绍云. 试论大学体育设施向社会开放问题 [J]. 成都体育学院学报，2001，27（3）：40-41.

[34] 宋洪涛. 论当代高校体育社团与校园文化建设 [J]. 中国青年政治学院学报，2007，26（5）：126-129.

[35] 钟秉枢，张建会，李海滨，等. 新时代我国大学生体育竞赛体系的改革与创新 [J]. 北京体育大学学报，2022，45（7）：19-32.

［36］陆淳. 大学生群众体育竞赛的组织与运作实践研究［J］. 中国体育科技，2005，41
　　　（1）：129-131.

［37］徐本力. 早期运动训练方法的优化理论：对早期训练科学化几个理论问题的再认识
　　　（之四）［J］. 山东体育学院学报，2002，18（1）：6-12.

［38］张歆. 体能运动训练器低频振动参数调节方法［J］. 机械设计与制造，2023，385
　　　（3）：141-145.

［39］高魁莲. 乒乓球传、帮、带训练模式初探［J］. 沈阳体育学院学报，2002（4）：26.

［40］许冕. 运动生物力学在体育训练中的应用研究［J］. 中学生物教学，2023（6）：后
　　　插2.

［41］王锐. 新形势下高校体育训练与教育创新探索：评《高校体育教育创新发展研究》
　　　［J］. 科技管理研究，2022，42（13）：15.

［42］王荣. 移动智能终端在高校体育教学与训练中的应用研究［J］. 教育理论与实践，
　　　2022，42（12）：60-63.